陳浩源 著

一輪人生

陳浩源自傳

萬里機構

自序

這些年來，屢次有人找我出版自傳，分享人生經歷。2015 年首次獲選傑出運動員、2018 年首戰亞運奪銀、2019 年第二度獲選傑出運動員並當選香港十大傑青、2021 年東京奧運摘銅⋯⋯每一次，我的答覆都一樣：我還未夠好，出書得啖笑。

我不想我的人生得啖笑。

2023 年亞運銅牌，同時宣佈以巴黎奧運為職業生涯最後一舞，經理人對我說：是時候了。如果說 1985 年出生是我第一輪人生，那麼，2008 年意外後重生就是我第二輪人生；兩輪人生，皆以運動開始貫徹，到了以運動作結之際，正適合記錄下來，回顧一遍。

於是，我決定欣然接受這個挑戰。

籌備及製作自傳，對我來說事事新鮮有趣，也讓我趁機回顧了自己整個人生。我發現，當中許多細節，都是常人認為很值得哭、與「不成功」畫上等號的：公屋出身、父母是製衣工人沒有家底、不讀大學便出來社會工作、23 歲頓成傷殘小伙子，令身邊很多人為我哭過⋯⋯但，這一切，亦正是叫我笑的緣由。

一場意外，無論誰都視作不幸，我卻認為它來得正確也幸運。

因為低下層出身學歷平庸，所以渴望成功，所以深明每一個機會都渺茫而難能可貴，所以更小心翼翼珍惜、更努力開創可能性。因為再熱鬧，茫茫人海都是過客，所以每一句「你是我的驕傲」都更深刻，所以每一張給我支持稱讚嘉許的臉都歷歷在目，猶如眼前。

第一輪人生，充滿歡笑；第二輪人生，充滿眼淚，但我憑拼搏與堅持，坐上兩個輪胎的輪椅，開創個人體育奇蹟，將自己，將每一位在身邊陪伴着我一路走來、知道我每一次成功都得來不易的人，傷心徬徨不安恐懼的眼淚，通通轉化為由衷開心的眼淚，破涕為笑。

我不管別人如何詮釋「成功」二字，就當我不再鮮衣怒馬也輕狂，今天重看一次 0 至 39 歲的兩輪人生，第二比第一更精彩，我敢説：我是成功的。

陳浩源

目錄

Chapter 2

奧運之路 42

Chapter 3

Chapter 4

源宇宙年表

日期	事件
1985	出生。
1999	中三決定專注羽毛球，獲選拔為荃灣區羽毛隊青年軍。
2004	中七畢業，投身社會。
2008	遇車禍左腳截肢，住院十個月。
2009	參加輪椅羽毛球班僅半年，即勇奪殘體協全港性比賽單打金牌，加入港隊。
2010	首次正選出戰廣州亞運，單打第四，一鳴驚人。
2011	• 6 月德國公開賽，單打銀牌。 • 11 月危地馬拉世錦賽，BWF 突然即場宣佈改制，港隊潰不成軍。
2012	港隊低潮，孤身作戰，韓國驪州亞錦賽，夥拍澳門選手贏得雙打銅牌。
2013	• 4 月自費出戰西班牙公開賽，勇奪單打銀牌、雙打金牌。 • 11 月德國世錦賽，勇奪單打銅牌，升上世界排名第三。 • 11 月 13 日回港，11 月 16 日結婚擺酒 —— 好彩趕得切！
2014	• 6 月印尼公開賽，贏得人生首面單打金牌。 • 10 月仁川亞運，爆冷小組出局。為一雪前恥，開始自資增加訓練。

日期	事件
2015	3 月西班牙公開賽，單打銀牌、雙打銅牌。 6 月愛爾蘭公開賽，史上第一人包辦單打、雙打及混雙金牌。 9 月英國世錦賽，單打、雙打銅牌。 首次當選香港傑出運動員。
2016	8 月印尼公開賽，戰勝當年世二金京勳。 修讀香港浸會大學體育及康樂管理學士。
2017	11 月正式簽約，成為香港首批全職殘疾運動員。
2018	10 月雅加達亞運，單打銀牌，人生首面亞運獎牌。 11 月澳洲公開賽，史上第一人擊敗「東方不敗」金正俊，轟動國際。
2019	當選香港傑出運動員、香港十大傑青。
2021	東京 2020 殘奧，單打銅牌，香港史上第一位羽毛球奧運 / 殘奧獎牌得主。
2022	獲政府頒授榮譽勳章，表揚卓越運動成就。
2024	巴黎 2024 殘奧，單打銀牌，史上第一人同時擔任開幕及閉幕式港隊持旗手，光榮退役。 憑混雙首登世界排名第一，成退役最佳禮物。

Chapter 1

笑無悔

人之初，眾生皆同。像生活甜酸苦辣、百味雜陳，我們誰都想笑，但一樣的是，生命都由一陣哭開始。

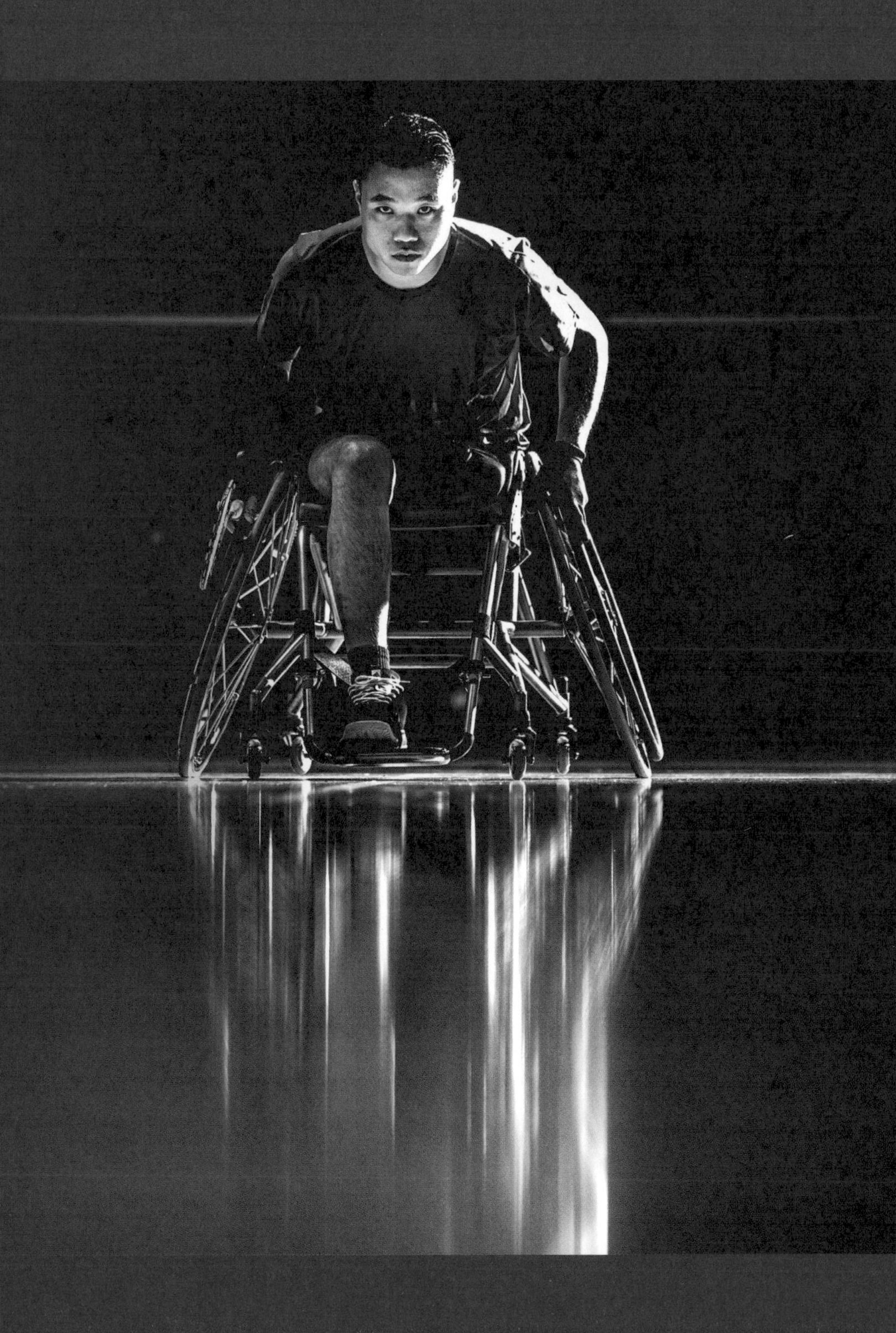

然而哭過後，又會是怎樣的笑？

如果真有「命運」，我相信它的意義並非讓你「二仔底死跟」，而是看你一生怎樣在這格局中，憑自己去改變、爭取、逆襲、開創。

哭不一定傷心，笑也有開心笑假笑嘲笑輕笑傻笑強笑苦笑。無論是笑是淚，我都坦然接受，因為我深信，人生一路，難不難走不由人決定，但走不走、怎樣走都是由「我」決定！

與其在黑暗中苦苦等候一點光，不如自己發熱發亮，將實現夢想的主動權，重執掌心之中。知其不可而為之，知人心不可信而信之，此之為「孤勇」。

「堅持」一定孤獨，但我選擇做這個「孤勇者」，堅守自己的信念，執着自己的熱愛，保護自己珍惜珍重的人事物。

我的生命，用我想要的方式去盡情燃燒綻放，不為虛名，但求無悔。

有情歲月

我叫陳浩源，男，1985 年 1 月 17 日出生，山羊座，家有父母及一位比我年長四年的姊姊。

我是在荃灣母嬰健康院出世的，依家已經冇呢支歌仔唱了（現在母嬰健康院已無接生服務）。由有記憶開始至 14 歲，一直住在荃灣石圍角邨，幼稚園、小學和中學都在邨內，百分之百屋邨長大。

我的童年，四字概括：無憂無慮。

爸媽在荃灣橫龍街製衣廠打工，我和姊姊交託住在鄰座的婆婆照顧。每天上午上學，下午放學就到婆婆家，吃完晚飯爸媽來接我們回家。過年，一家人和爸媽的工友在離島租住度假屋，大人打牌釣魚，小孩子玩 UNO 唱卡拉 OK，每年如是，到小五才第一次坐飛機旅行。

婆婆重男輕女，對我疼愛有加。我還記得婆婆廚藝精湛，但她炮製的「藤條炆豬肉」我就沒吃過，因為她永遠不會真的罰我，惹得會被罰的姊姊抱怨待遇不平等。抱歉啦家姐（笑）。

幾歲時我會陪婆婆打麻將、玩啤牌，到長大一點，開始跟同邨的同學仔、朋友仔玩。最初玩純天然有機無成本的捉依因、何仔公、埋舟（三者皆為香港的捉迷藏類遊戲），踢毽子，打康樂棋；到小三、四愛上運動，家裏買了個足球給我，我每天足球隨身，名副其實的足球小將；我亦是小學泳隊成員，間中還

自小活躍好動，影相也冇時停。

會打一兩天羽毛球。總之就是一刻都停不下來。

功課？我家沒有讀書壓力。父母教育水平不高，爸是中三程度，媽咪是初中程度，然後在那種已絕跡的天台夜校補讀中三；相比學歷，他們認為「為自己負責任」更重要。在我成長的那年代，升讀大專幾屬理所當然，但爸媽就給予我和姊姊完全的自由，說如果我倆想讀大學就自己借政府大專學生貸款，不想就不要浪費金錢時間還勉強自己。加上（咳唔）我有點小聰明，小學時隨隨便便也考得全級前十名，完全沒有讀書壓力，每天與一大班同邨朋友玩耍踢足球，大家沒有機心，也沒有物質上的比較，盡情肆意大叫大笑，買串魚蛋都一齊開心。

那種純粹的快樂，難能可貴。

所以即使可能在很多人眼中，「住公屋」是一個低下層的標籤，但對我來說，屋邨生活非常非常美好。家人愛我，人與人之間沒有計算，笑容是真的，朋友也是真的——後來我發生意外，每天都有幼稚園和中小學朋友探望關心。當年至今數十年仍保持聯絡的，不是因為我的殘奧會銀牌，不是因為我的十大傑青榮譽勳章，而是因為，我是陳浩源。

——我很自豪自己是公屋長大。

「家境」和「環境」是兩回事。有了錢，有了名校，或各式各樣物質與奢侈品，不一定有知識和品德，不一定有真心的笑，不一定有愛。

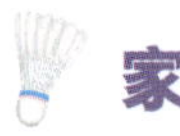

家教

自小父母教我：做人沒有不勞而獲。想得到，就要付出。（譯：唔使旨意無端端有禮物有玩具！）

要得到、必先要付出，老生常談，卻易講難精。現代家庭普遍富裕，小朋友有的手機、電腦、遊戲機，所有物質所有吃喝玩樂，都是突然就「有」了，試問這樣他們又怎能學懂「努力」、「拼搏」？

我父母在製衣廠打工，主要負責做「包裝」，即是在衣服上釘珠仔、釘品牌牌仔那種。偶爾有訂單需要週末加班，為了與仔女多相處，爸媽加班時會帶着我們到工廠。工廠很大，週末不會坐滿人，我就當那些車衣房呀、布房呀是遊樂場，跑來跑去，或窩在一個角落玩遊戲機、打午盹。

幼稚園高班那時，我有次在荃灣千色店見到一條 Keroppi 手帕，$19.9，很想買，立即向父母扭計説要買。爸媽就告訴我：可以呀，噚，當你釘一個牌仔 1 毫子，你自己計計，要釘幾多個牌仔才夠 $19.9？

我很記得自己那時候極速心算，很快便把答案計了出來：得！199 個牌仔！然後很努力不斷釘釘釘（提提你當年我只得 5 歲），最後真的如願「賺」了錢、買到了那手帕；上學時還故意摺出一個三角形、放在口袋裏露出來。老師見到了問我，我得戚回答：「我自己打工釘咗 200 個牌仔賺返嚟㗎！」老師見我如此也忍俊不禁，笑道：「小朋友也懂自食其力呀。」

人生第一次憑自己努力得到想要的東西，真的很滿足，很自豪。我想，那一刻老師面前的我，那笑容一定非常真，非常純粹，非常開心。

也因此，我幾歲便學懂「多勞多得」、「要付出才有收獲」、「搵錢很辛苦」。

即使中二時家境轉佳，我們一家搬到了深井私人樓房，也不會令我飄飄然——首先，零用錢沒有增加（笑）；其次，父母的錢是父母的，不是我自己賺回來的，與我無關。現在我也常對媽咪説，你不要留甚麼甚麼給我，你的錢你自己花光它，不用留給我。

當然，那時候由公屋搬到私樓，是一件驚天地泣鬼神的大事。我告訴你，「衝出屋邨」係好．大．件．事！父母帶我們第一次

我出身低下層家庭，物質不多，感情上卻非常富有。

一家人齊齊整整相聚外遊，是我家大時大節的例牌節目。

看新居，我真的像拍戲「鄉下仔出城」那樣雙目放光呱噪：嘩原來私人屋苑係咁，嘩竟然有會所健身室。我和姊姊由雙層床上下格，變成擁有自己的獨立房間。後來才知道，其實家裏環境最好時還擁有另一幢房子，但當時我爸媽不想孩子炫耀，就從沒告訴過我們。

我們家的家教一直如此。買一個足球，要踢到爛了才會再買；我那年代人人在中三就擁有手機，我是中五才有。沒所謂，物質，我覺得夠用就可以。

金錢是一串來了又去的數字，它令沒標價的東西更加難得，像品德、家人的愛、友誼、實現目標時的滿足感。

我慶幸，父母給我的物質不多，多的是教誨，令我今天擁有獨立自主的責任心，榮辱不驚的韌性，處變不驚的強大內心。

數字上的成功有何難？只要有實力，找一份有可觀數字收入的工作並不難（滿足數字與否是另一回事）。人生最難，是不如意事十常八九，而你在逆境之時能否排除萬難，甚至能人所不能，開創新天地，笑到最後。

有錢才懂笑？那麼，祝君好運。

意外

我是個很傳統、家庭觀念很重的人。小學時期我每天早上都會親媽咪臉頰一下才上學，過時過節一定要全家人齊齊整整相聚。直至現在結婚十一年、搬了出來住，我依然每星期都與媽咪吃飯，絕對風雨不改，每一年農曆新年都是一家人一起過。

你可以想像，小五那年，我爸決定到內地做生意時，我有多震撼。

當時香港工業式微，製衣廠倒閉，父母失業。他們討論過後，決定爸北上創業闖一闖，媽留在香港照顧子女。

「被通知」10 歲的我，想法很簡單：爸爸只能一兩星期回家一次，家庭不完整了，好慘！

最初我全天候不分時段哭鬧，說：「一家人有粥食粥有飯食飯，點解要分開？」（真．exact wording）

也很記得，媽不停找工作，坐在客廳，白光管下，低着頭，認真地一封封用手親筆寫求職信。那年代香港的僱主不熱衷聘請中年人士，媽咪找過一份餐廳樓面工作，後來因年紀被辭退。徬徬徨徨輾輾轉轉好幾個月，直至她獲聘為扶康會的廚師，一直做到退休。

說起媽咪任職廚師，有段小插曲。她到扶康會本來是應徵做照顧員，碰巧得知該會也聘請廚師；媽媽一直忙於打工，廚藝不甚了了，但因我愛吃麻婆豆腐，她面試時拿出了獨門絕技——

麻婆豆腐，成功過關取得職位。自此她努力精進廚藝，煮出一道道溫暖美味菜餚，服務扶康會的智障人士和家屬，此為後話。

生計大人作主，我一個半小不大的孩子再鬧彆扭也無效。直至後來爸在虎門的生意不錯，公司還在杭州開分店，我們「脫貧」了，由公屋搬到深井私樓，我對「做生意」的抗拒才頓生改變，覺得，嗯，這是能令家人生活變好的方法。

讀書方面，我順利升上 Band 1（第一派位組別）中學後，開始見真章——身邊的同學都是讀書精英，我又每天只顧踢足球拍拖出街玩玩玩，成績一落千丈。媽咪與我平靜討論：你這樣怎升讀大學？打算將來找怎樣的工作？我當時還胸有成竹地對她說，跟爸做生意也不錯呀！到那時候我要每星期往返內地，為生活奔波，現在你就讓我盡情玩吧。一直至中六，我仍滿心以為自己會子承父業，暑假跟爸返內地見識世面，熟習營商環境和生意業務流程。

然而，變幻總是來得猝不及防。

爸的生意，本來與一名內地人合夥。站穩了腳，爸決定自己另起爐灶，沒想到問題立即出現。

一來前合夥人出手干預，爸在人脈、資源上都遇上難題；二來爸是老實人，太老實了，被人欠錢騙錢。短短一、兩年，生意越來越差，一直蝕錢，分店倒閉，本店縮水⋯⋯只記得那些年，爸不斷不斷變賣家當，賣了家中那「隱形」的第二層樓，拿錢上內地救公司。到一個地步，媽咪勸他「不如結束生意吧」，都勸了一年。

父母在客廳討論，一人一句，不會大吵大鬧，並不嚇人，我還阿 Q 地暗忖：不承繼爸的生意也不壞呀，不用離開香港的家人朋友。不過當然，目睹着爸十年的生意由賺錢到衰敗，一個人由意氣風發到焦頭爛額，我也同時明白到，「做生意」這回事是雙刃劍，它令我家脱貧，但賺錢不是永恆。

我自覺不是讀書材料，同時考慮到家裏經濟環境，中七畢業後決定不升讀大學，直接找工作。很快找到了負責銷售和推廣的工作，覺得蠻適合愛講話、愛與人相處的我，又能賺錢養家、實現經濟自由，很開心。

但爸的生意依舊沒起色，他也不肯承認生意失敗，甚至想賣掉我們居住的房子，説「以前我們也住公屋，再住公屋有何問題」。爸的生意走下坡已好久了，中學時的我一向是除了「儘快長大出來賺錢」外沒有多想；但聽了這番話，我第一次站在一個客觀角度去看父親，真真切切地感受到：父親為了面子，為了一個虛幻的翻身夢，罔顧家人感受。

「重視自己多於家人」太多前文後理，對錯難論，但這件事給我上的一課就是，我告誡自己「日後千萬不要這樣做」。我不是不尊重養我育我的父親，但在投資和對待家人方面，我視他為警惕自己的反面教材。

面對打算傾家蕩產、盲目迷失的爸，媽咪不再被動地苦勸，挺身而出與他爭論——此時就真的是吵架了。

父母吵架，身為子女的當然不好受。但那時候我仍以為，方法總比問題多，我已經出來賺錢了，情況總會好起來的，我的家永遠不會變。

就像上天要再一次點醒曾經有一點點相信過「永恆」那天真的我，這時，我出意外了。

But I Still Got My Life

2008 年 2 月 6 日，農曆年卅晚凌晨，剛過 23 歲生辰二十天，我在深圳遇上車禍。

當年我投身社會兩、三年，在一間電子廠的香港市場銷售部工作，過年，很正常地和同事一起到內地廠房總部吃年夜飯。吃完了，一定要全家團聚做節的我，很正常地立即回香港。那時上司開車，一位同事坐副駕位置；我在後座，一上車就盹着。

距離關口 15 分鐘路程，意外發生，車撞壆打轉，我被夾在車骸之間。

我在現場曾有過一次意識，就是很痛很痛，廢鐵碎片中，好像有人在移動我。我不斷嚷着「好痛」，然後失去意識。

我昏迷期間，外界天翻地覆。

消防員要即場用開山鋸鋸斷我的左腳，才能將我救出送院。

開開心心等我回家的父母，半夜收到電話，趕赴內地醫院，被帶到一個像停屍間陰沉的地方，只見一張手推病床上，一個連一塊布都沒蓋、水腫發白的赤裸身體，斷肢放了在心口。那畫面，作為那「身體」的我也只能想像，但我媽就因此每夜無法入眠，瞞着我們悄悄看了可能差不多一年的精神科醫生。

隨之我被轉送回香港的威爾斯親王醫院（威院），第一個手術進行了大約 18 個小時，輸了 20 多包血。我在 ICU（深切治療部）昏迷至年初二才真正完全清醒過來，全身保護衣的醫生對我說："You've got an accident. You have lost your left leg."

我記得自己答："But I still got my life."（至於點解係講英文，我都想知。）

之後每隔三天做一次手術，數十次手術，其中十多次是要全身麻醉。一直在威院做了三個月的手術，再在大埔醫院復康療養了八個月，才終於真的出院回家。

那一年，說家裏愁雲慘霧絕不為過。我出了事，爸破產、驗出鼻咽癌，媽咪要邊看醫生邊照顧家中兩個病人。

以為在谷底了？我出院，媽對我說，要跟爸離婚。

導火線，是爸在我醒了數天後，便回內地繼續做他的生意。媽咪認為這個人不負責任，不能共度餘生。

最初我仍不明白，還跟當時女友（現在太太）說，看，我出事了有這麼多親朋好友來探我，我是個有凝聚力的人，我想用我的能力凝聚屋企，一家人和好如初，齊齊整整。

事後我也了解過，我爸當時的想法是，他留在香港也沒幫助，不如快點賺錢，有了錢，一切問題迎刃而解。

但那一刻我們最需要的不是錢，是精神和心靈上的支持與陪伴，是一家人團結一起，共渡難關。

我一邊接受治療康復，一邊努力為維繫這個家而掙扎。執拗了一年，媽咪對我說：阿仔，你阿媽都捱咗咁多年，餘下歲月畀我做啲我想嘅嘢啦，夾硬冇意思。

那一刻我知道，事情沒回頭路了，終於接受了父母離婚。

看到這裏，你可能覺得，陳浩源你怎麼心這麼大，自己出事了，截肢了，要接受事實、康復的生理心理壓力都不算，竟然還有餘力着緊父母的婚姻？

我不是扮成熟裝雲淡風輕。我只是覺得，自己想要的，自己爭取。如果我「想要」的是父母和好，那麼就算我在病床上四肢動不了也要「行動」。

至於應付人生的突變？做人的本分本就是，天塌下來，都要扛。

Sorry 呀我怕痛

自小樂天外向，非常貪玩，媽咪叫我「馬騮精托世」。不愛計較物質，只愛有人陪伴，身邊人口密度偏高；玩耍小團隊，少則三兩人，多則六七人，我永遠是鐵腳。無論是踢足球還是打羽毛球，波友由同齡至六、七十歲都有，習慣與不同的人溝通和相處，人緣尚算不錯。

好動冇時停，而且唔止個身，把口都好好動，愛說話愛搞笑，口甜舌滑，成日撩人寸人駁吓嘴。我還刻意模仿成功人士演講時的技巧和語氣，因為我覺得能言善辯的人，零成本，只憑一把口便能隨時隨地迷倒說服所有人，厲害！

一有目標就全力搏盡，永不言棄。中三主攻羽毛球後，雖然進不了港隊、現實沖淡了夢想，但我坦然接受，照樣做業餘的最好，享受打球的成功感和樂趣。你也可以說，運動是家貧讀書差的我「自我滿足」的出口，但從中建立的自信，的確大大地幫助了日後的我，改變了我一生。

重視家人，重視人際關係，喜聚不喜散。你可以笑我傳統保守，但我真的不愛夜蒲、不喜歡危險因素；擇友也很小心，因為我覺得香港環境很複雜，要保護好自己已很難，朋輩壞影響可免則免。喜歡溝通，所以我多話也多聽——我常常覺得，肯聆聽是一件很「着數」的事，因為只要你用心記住了人家話裏的重點，對方便會覺得你很了解他，很有共鳴，這不是 CP 值很高嗎？

這樣的一個二十來歲的我，幾百字道盡一切。然而，我的一生，因一場意外，多了幾千幾萬幾億字。

先說傷勢——全身沒一處完好。車禍現場，當局會「收拾」所有屬於我的「東西」，但我右腳腕控制上下左右的軟骨離奇失踪。左肩、左邊肋骨骨折，右手前臂骨折要縫十多針，眉心爆開要縫數針。最嚴重的當然是，左腿於左膝對上一半截除，失去三分之一大腿肌肉，傷口包着一大堆砂石泥樹葉導致發炎，入院首一個月，傷口滲出來的血水都是黑色的。

截肢後做了數十次手術，每三、四天一個循環，斷食，麻醉，做手術清創及植皮，養一兩天，再做手術。最初植皮用上斷肢的皮但十幾次都失敗，最後要改用我右大腿的皮，幸好一兩次就成功。右腳腕消失的那塊軟骨，醫生很大膽地做了全港第一次偷龍轉鳳，用斷肢那塊補上、以三根釘鎖死；但因結構左右相反，所以其實我的右腳腕不能像正常那樣轉動，右腳只能打直企定定，而且醫生早就把話說在前頭，言明這塊骨會因以左充右，損耗速度比正常快，到我 40 歲左右（即完成巴黎奧運之後半年）可能要拆出來，屆時我有可能要再次坐輪椅。

不斷做手術，每天四五十顆藥丸，每天早上第一件事就是一碗粥、一杯藥，滿滿的 17 粒五顏六色子彈呀藥餅呀——頂多是難捱；真正難受的，是數不清多少次的清創（洗傷口），每次拆繃帶都會撕開黏住的皮層，要四五位護士花四五小時才處理好，那種無間斷的痛，不提了，喊也無力。

醫院給我一部嗎啡機，我不停按掣。後來才知道係「流」嘅，嗎啡量有設上限，過了藥限後就是給你一個心理安慰作用。

皮肉之苦以外，還要應付自己萬馬奔騰的腦袋。

意外後，有三大感受。第一也是感受最深刻的，是「呢一世都要人幫」。頭一個月四肢都不能動，當然也不能下床，我像嬰兒一樣，刷牙洗臉上廁所，生活一切都要別人照顧，每一秒都在重新學習控制身體。年輕人的心高氣傲和尊嚴？Bye。每次醫生巡房，我抓住醫生詢問進展，最初問可否再次踢足球，變成問可否跑步，後來問可否走路，再變問步行能力剩下多少成……你知道，實況一定比醫生的答案差，而我的醫生永遠不太直接回答；從醫生身上得不到確實答案，我便改跟院友聊天集思廣益，他們一致說我「一定行唔返，要成世坐輪椅」。但我不理會，愈挫折，愈自虐地一次又一次追問醫生。

第二，是一大個問號。需知道圖書館沒有《殘疾人士百科全書》，自己真的像廢人一樣不能自理，不敢奢望做大事，但也不知一個「殘疾人士」可做甚麼小事。這種憂慮，說沒有是騙人兼自欺，我一次次用最大的力去放下去漠視去推開，它又一次次再浮現。幸好我天生樂觀，也碰巧有一位中學同學是殘奧金牌得主，照樣做運動照樣上大學讀書；對當時的我來說，這是個儼如救命符的「念」，覺得自己不是沒希望。

第三，當然是情緒。我喜歡有人陪伴，每晚探病時間身邊圍滿家人朋友舊同學，最多一次是三十多人碰巧同一天到訪，見怪不怪的護士沒好氣索性叫我移玉步到升降機大堂（病房內設有探病人數限制，公共空間則沒有）。但，哭一定是有哭的，夜闌人靜之時，背着所有人流了很多眼淚，還傻傻的以為自己大被笠過頭沒人發現，誰料有次聽到護士們閒聊（曾住院的人都知道，you know，護士說話大多沒聲量控制設定）：16 號床喊得好淒涼。

我咪係 16 號囉。

別人擔心我，我也擔心自己。我主動要求去看心理醫生和精神科，看看自己有沒有問題；但兩者都是只看了一次，兩位醫生都認為我沒問題，不用再看。我問主診醫生（又問），他解釋說，專家說我很健談積極，而對未來、前途的憂慮是正常的。

積極？大概是的——亦有可能，是因為我思想單純，不易受外界打擊影響。每次被問到有沒有想過輕生，我想也不用想秒答：「沒有！我怕痛！」

我相信醫學每日進步。生存是美好還是折磨？我相信前者。

而且院友們告訴我，傷殘人士泊車免費，入油半價喎。

0之後最難

病況最危險的病人，床位設在走廊，我由入院首一個月完全不能下床，第二個月可以用右手吃東西，到第三個月開始跟職業治療師學坐輪椅，慢慢從走廊向窗邊床位一搬再搬。

在威院的三個月，請不要詫異，我真的過得很開心，絕對不是裝的——不用面對社會，不用面對未知，反而簡單。

很多醫學知識，我都很好奇，原來傷口縫針一針一個結，我就去數自己多少個結。最初一個月我吃很多藥，有夜更護士凌晨叫醒我服藥，若是痛到睡不着，他們會陪我玩啤牌聊天。洗傷口，護士會與我説説笑笑分散我的注意力，鼓勵我「捱埋佢」。我女友（現在太太）生辰在3月，2月入院的我在病床上動都動不了，是護士們幫我買蛋糕代我為她慶祝，真的很暖心，大家熟絡得一起叫外賣買薯片吹水gossip。骨科的院友，大家同病相憐，交流相處是平等的，還告訴我很多生活貼士。每天不知有誰來探病，我每天都像開盲盒，期待看看哪些同學同事朋友現身。4月復活節周末長假期，當時我已可以坐輪椅，醫生説可以寫紙批准我回家，我説「不用，威院很溫暖呀」，醫生聽了都忍不住笑。我還做了兩次「兼職」，一次是擔任醫學院考試試場被診斷的病人，一次是汶川大地震後、醫院製作了一段殘疾人士生活示範短片，我就是片裏的殘疾人士。拿到了錢，我還很得意地對家人説：今日下午茶我嘅！

是的，當人生到了谷底，由100跌到0，沒有任何事可以比我在ICU睜開眼那一刻更差，之後的每一天都只有向上，每一天都比昨天好。

當然，「簡單」只是一個相對概念。在威院捱痛捱手術捱療程這些，絕不簡單，但重點在「捱」這一個字——「承受」是一種被動動作，譬如説，一個傷口，你肯醫，它總會生理上「被」復原；相反的是，捱完人生跌至 0 這個低谷之後，怎樣「主動」重拾自己那被擊碎成一片片的、對人生的熱情和動力，再回升至 0 以上，就一點都不簡單了。事實上，很多殘疾人士捱不過的並非傷勢，而是「之後」的生活。我們必需要定期接受物理治療，但物理治療是沒有人會和能逼到你去做的；你必需自己主動一次次累積足夠動力、鼓起足夠勇氣，踏出自己家門去面對社會，每一次、每一步都是內心與思想的試煉。到最後，懶也好怯也好，很多殘疾人士放棄「維修」這項重大工程，躲在家中，也就差不多等如放棄了重回 100 的可能性。

現實從來沒簡單過。

以前看科幻漫畫、電影，畫面裏的機械肢體不知多帥氣有型！但到自己發生意外，一切幻想都破滅，實際上第一步——讓醫生批准我開・始・學用輪椅——就已不簡單！條件一身上不用再插針，即是傷勢要好到一個程度，不必再打點滴吊鹽水嗎啡。條件二傷口已閉合，否則傷口一動便爆開，還談甚麼坐輪椅。條件三要有職業治療師在旁、一直練到下床動作百分之二百不會失手；否則從床掉到地上，真正皮脆肉嫩的新癒傷口再爆開，要再花兩三個月去「補鑊」！！！

期待又期待，到我真的獲准去學了，然後還有然後！單是最簡單的下床、坐到輪椅上面，我就花了個多星期，由治療師扶着上上落落不斷重複練習綵排。到可以「坐」了，就要練習輪椅基本使用方法，怎樣不會夾手、坐穩不會翻車；再進階一點是操控方法，怎樣不會撞到別人或被人撞倒…… 真的練習了很多次。

但對當時的我來說，那又笨又欠靈活性（因為安全至上）的醫院手動輪椅就是「勞斯萊斯」，讓我終於能有回一點行動力，一點自由。

不用做手術了，我在第四個月轉到大埔醫院，開始療養復康。復康的過程一字以蔽之：悶。

每天都非常規律，一模一樣：起床，早餐，職業治療，午餐，物理治療，偶爾下午茶，晚餐，睡覺。院友們年紀較大，沒有後生仔可以傾吓偈。最慘是醫院地點遠了，家人朋友乘車都更花時間，探病人數驟減十倍有多，對我這麼愛熱鬧的人來說，真的像坐牢。

第二個月又生變。那時我可以洗臉洗澡等基本日常生活自理，醫院便嘗試減少止痛藥藥量，批准我在周末回家，我也當然立即「逃脱密室」。當時還滿心歡喜，覺得是在一步步貼近出院之日。沒想到，回到家，吃完晚飯睡覺，我忽然情緒崩潰，不知生存為了甚麼，自己一無是處，人生沒有未來。我像檐蛇（壁虎）般爬出廳，摟着家中的鬆獅狗布魯圖（Pluto）嚎哭，吵醒了全家人。

我最愛最叻最醒嘅媽咪，第一時間反應過來，二話不説拿了一杯雪糕給我：「食啲甜嘢，會好啲啦。」神奇地，吃完了雪糕，又真的好過一點。

噏講明先我唔係細路仔，唔係咁易氹！可能係 inner child 鍾意食雪糕咋。

龜兔日子

放假後回醫院，立即向醫生報告，原來是我減止痛藥的進程太快。止痛藥有麻醉神經作用，一口氣減量太多，導致我情緒失控。

就是這樣，不停摸索減止痛藥的分量，反覆嘗試了很多遍。

在療養院五、六個月，好想好想好想出院。媽咪不贊成，她認為醫院設備比家裏完善，住院期間的開支也有俗稱「住院現金」的保險賠償 —— 我作為家中經濟支柱之一，意外後，家裏財政當然不容兒戲。

但當時悶到快發瘋的我，真的沒理會那麼多。跟媽咪吵了數次，最後扭計成功。✌

2 月入院，11 月出院，總計十個月。

出院前與醫生研究，本來醫生是不建議我使用電動輪椅的，因為電動輪椅使用方便的程度近乎打遊戲機，手指頭按一下按鈕便能加速 / 減速，使用者缺乏活動量，少了鍛鍊，人變得越來越懶，也就不利復康。但考慮到我仍未能控制好手動輪椅，加上家中沒人 24/7 照料，每星期兩天要自己乘車去進行物理治療，我年紀輕又有社交需要，最終醫院讓我「暫時」使用電動輪椅，目標是一年後必需戒之，視乎復康進展改用手推輪椅或拐杖。那時候我的「戰車」是自費的，盛惠 1 萬大元；因不打算長久使用，只挑選最經濟實惠因此功能也最基本、説是電動速度卻極慢的長者限速型號；輪椅上連文字或 +/- 符號都沒有，而是用圖案來標示速度選項，兔子是加速，烏龜是減速。

也說說使用手動輪椅有多難。在醫院那樣的室內環境使用，我是沒問題的，但現實生活中問題千變「慢」化。譬如說，輪椅爬不了樓梯，我到訪的地方必需有升降機；上斜路，若上肢不夠力撐住輪胎，會翻車；路面若高低凹凸不平，像不巧遇上修路工程而滿地碎石，要用力撐起整台輪椅才能越過障礙物；還有乘搭交通工具，哪怕是有地台型號的金色巴士（「金巴」），那年代每四輛巴士中只有一輛金巴，出門必需計算好時間，否則一錯過了便可能要等一個小時，而且車站路面情況也有可能影響地台是否能順利降下；地鐵站並非全部有通用設施……對一位新手殘疾人士來說，這些通通都不容易。

出院前，醫院也讓我到義肢及矯型部定製一隻義肢。我用的義肢屬於 above-knee transfemoral prosthesis（膝上截肢義肢，簡稱 AK），由四部分組成。首先最複雜的是接駁斷肢的底座（socket），你可以想像那是一個套入斷肢的「筒」，利用真空原理以肌肉「吸」穩底座；底座連接着一個大約 5cm 闊、承托臀部的弧形部分。底座之複雜在於，其尺寸要完美精準地貼合斷肢部位，才能確保穿上後不會「起飛腳」（掉出來），邊緣和內層不會「刮肉」擦傷皮膚；也因此，矯型師提醒我要小心控制體重，避免身型暴肥或暴瘦。此外就是連接底座的其餘三部分，金屬膝關節、小腿鋼條（pylon）及人工腳掌。製造一隻義肢，大約要兩、三個月，先倒底座石膏模，然後尺寸和鋼條長度也要重複量度多次，務求完全符合我的身高和身型比例，以及兩腳要平衡。製造期間，我要以「氣墊腳」模擬義肢，練習

步行——氣墊腳是一種假腳工具，「吸」住斷肢部位，然後我就扶着平行架（長者晨運、有兩條平行長桿的那種長架）練習平衡和步行。

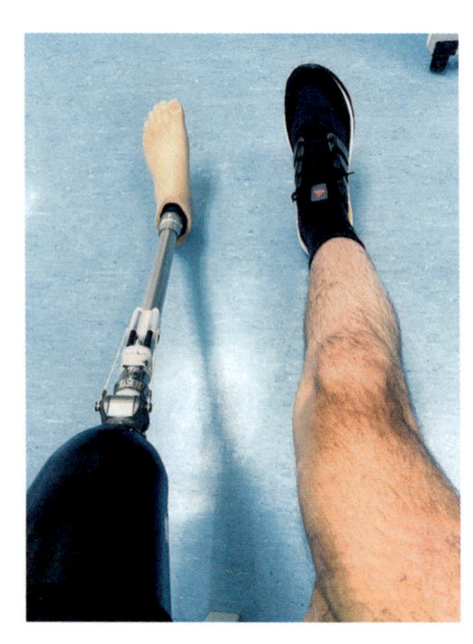

使用義肢背後也有多個原因。一來是我還有一隻腳，有了義肢，日常活動時更平衡；二來是形象和心態。多多少少，大部分人腦裏對「人」的「形狀」都有一個既定想法，「一個人要有人形」，所以很多輪椅人士就算本身不能站立步行，也仍然會戴上義肢以避免路人奇異目光。

我本身是不介意在輪椅上自然無添加不戴義肢＋穿着運動短褲外出，但那樣做遇過不少麻煩，例如在街上無端被路人指罵。亦試過有小朋友隨街亂跑、差點撞上來，家長雖然明知不是我的問題，卻還是「語重深長」教訓我「你咁樣冇咗隻腳行出嚟，好似鬼咁，會嚇親小朋友」。還有一次，有位長者見到我，口出惡言：「呢啲咪係上世做錯嘢，今世報應」，我秒回「好過你腦殘」，氣得我！後來我轉換心態，同情這些人的無知，也不會給予太大反應，何必跟無關痛癢的閒雜人等爭一時之意氣。

別人要注視，悉隨尊便。我沒有做錯事，沒理由為你改變。公民意識要靠從小教育，這些經歷也成為了我日後社會工作的靈感。

最初用義肢，因為兩邊臀部用力不平衡，其實我是挺不直上身的，只能站立或撐着助行架走一兩步。從拿着義肢出院到學好怎樣「企」直上身，花了差不多整整一年。出院頭一年，以助行架走 10 米來回要 30 分鐘。

拐杖也有學問。我最初使用的是可以借力最多、最穩陣但最不方便外出的助行架開始，慢慢進步到使用兩支手肘拐杖，再到一支四爪拐杖，最後是常見的單桿拐杖。由出院到有信心使用兩支手肘拐杖、甩開電動輪椅，我總共花了一年半時間——説「甩開」電動輪椅並無誇張。那時候我真的很怕自己會戒不掉坐電動輪椅，因為實在太方便了，一坐上去便能外出，有時身體狀態不好、沒有氣力，用電動輪椅再輕鬆不過。但一來我認為坐輪椅不好看，二來年紀輕輕，接受不了那樣怠惰消極地過；於是我努力練好手肘拐杖，一學好了就叫媽咪「立即馬上現在」將那電動輪椅捐贈給安老院。

三來？坐電動輪椅嗰排，真係好肥……

贈言

恭喜浩源在巴黎殘奧羽毛球男子單打獲得銀牌！

轉眼認識他已廿多年，當年他考入荃灣何傳耀紀念中學，我教他中一中文，他也參加童軍這課外活動，老實地說我對他印象不深，是眾多學生中的一個罷了。幾年後他畢業，因師生交往少，他就如其他同學般離校讀書或工作，大家再沒有交集。

再聽到浩源的消息，卻並非好消息，原來2008年他在內地遇上交通意外，要把左腳膝蓋以下切去。聽到這噩耗，心中不禁十分難過，好好一個健康的年輕人，一次意外成為一個傷殘人士，日後如何生活？這打擊會否令他一蹶不振？心中無數疑問、擔憂，隨着一次飯聚而解開。2009年，已畢業十多年的同學邀請高敏老師及我出席飯局，浩源也有出席。他是坐輪椅來的，看來精神不錯，並沒有因成為傷殘人士而自卑、不敢和人交往，並聽他説已加入香港殘疾羽毛球隊，工作與訓練均配合妥當，心中不禁放下憂慮，也為他既有工作，也有新方向——代表香港比賽而高興。

次年，再有飯局，今次浩源也有出席，不過不是坐輪椅而來，而是裝上義肢用拐杖，並説已代表香港作賽。看到浩源能夠莊敬自強，面對挫折而不屈，心中大為佩服，他的經歷足可令師弟、師妹學習，故我邀請他到校分享他面對意外，再重新振作的心路歷程。

看到他獲獎無數，看到他代表香港出席國際賽事、奧運會，看到他踏上人生另一階段——終於結婚啦！

不經不覺浩源代表香港出賽已十多年，出席巴黎殘奧前已宣佈這是他最後一次參加奧運及國際賽事，並期望能獲獎牌，而且轉換顏色。結果真如他所願！如此重大的浩劫，對一般人來説，可能會一沉不起，相反浩源卻積極面對，迎難而上，為自己開拓一片新天地，也為香港作出貢獻，展現出「香港精神」。

浩源雖然從運動員的身份退下來，但我想他會在另一界別繼續作出貢獻的。

命運是多麼神奇，若浩源沒有這次意外，他只是芸芸無數的一個香港人，有誰認識他？但這次意外卻改變他的人生，令無數港人認識他！不過，這機遇是他努力爭取、奮鬥而得來的！也為他獲得無數的榮譽，但，這是他應得！

浩源，老師以你為榮！香港人也以你為榮！

中學老師・何道生老師

贈言

「Miss Ip，你的中五歷史課將有一位插班生，他的羽毛球打得很好，會在校隊中當助教。」在接下來的三年裏，他全力投入羽毛球運動。上課時，他負責為全班帶來歡樂。雖然他貌似對學業漫不經心，但總會笑着向我保證會在公開考試中取得合格成績，他就是這樣一位活潑樂觀，目標清晰的小伙子。祝福浩源在步入人生新階段後，繼續發光發熱，並以正能量感染身邊的每一個人！

中學老師．Rosanna Ip 葉老師

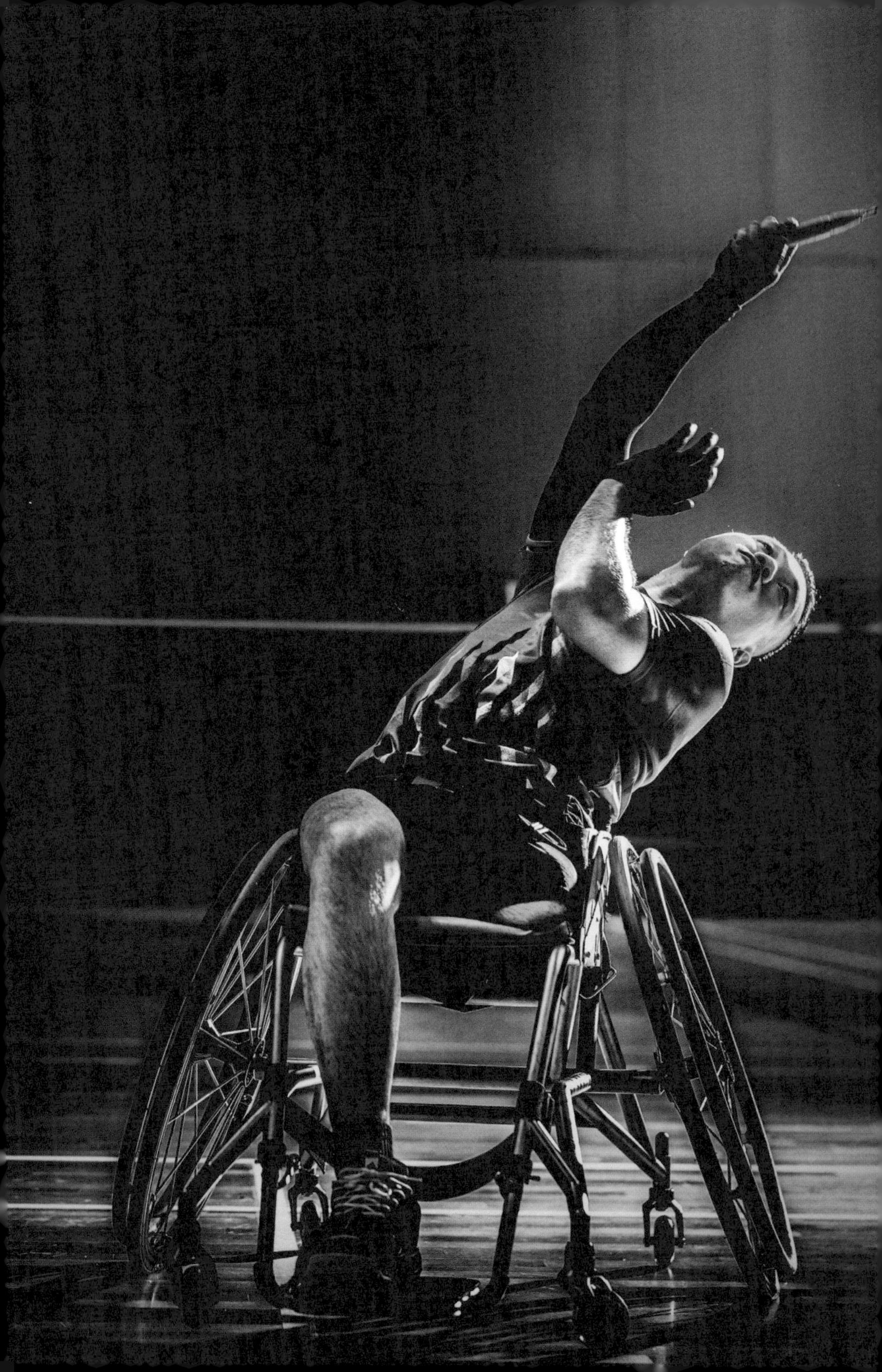

Chapter 2

奧運之路

2024 年 9 月 3 日，巴黎 2024 殘奧輪椅羽毛球男子單打 WH2 級戰果揭盅，中國香港選手陳浩源勇奪銀牌。

那一個凌晨，家人在現場，朋友、球迷、市民在屏幕前，一起見證我於奧運頒獎台上光榮畢業，於職業生涯最後一戰，實踐了自己上屆贏得東京 2020 銅牌後許下的承諾：要打進決賽。獎牌要換顏色。

傳媒鏡頭下的我，喊了也笑了，因為好開心自己講得出，做得到。自問説話算流利，但總怕給人巧言令色的錯覺，覺得我只不過被採訪時「博出位」空口講白話，講得出做不到 —— 2017 年才轉為全職運動員，四年後殘疾羽毛球史上首次被納入奧運（東京 2020）、因此有機會首次參加奧運時，36 歲的我已是一般人認為的運動員「老將」，之後還想多打一屆奧運，在 39 歲兼新星崛起的情況下於巴黎 2024 再入圍、再入決賽、再爭金牌，好 crazy 對不對？

如果「講得出」是我的瘋狂，「做得到」是我的倔強。

回想東京 2020 奧運，因疫情延期一年，在沒有觀眾的場館內作賽，如電視直播的一場盛大煙花，觀眾眼球分享到了那份繽紛精彩，但只有我們運動員聞到了煙火氣息。

那是夢想的氣息。

於我，由 2009 年 5 月，到 2024 年 9 月 2 日，十五年才呼吸到的氣息。

輪椅羽毛球發展史

在這也為大家説説輪椅羽毛球的簡史。

輪椅羽毛球屬於殘疾羽毛球其中一個「鑑定級別」。所有殘疾運動的級別，均按殘疾種類和程度而設定；就殘疾羽毛球而言，分為輪椅組的 WH1、WH2 級，以及企立組的下肢 SL3、SL4 級，上肢 SU5 級，以及短肢 SH6 級。賽規與健全人士羽毛球相同，每局 21 分、三局兩勝；唯輪椅組使用半邊正規場地。

羽毛球在慕尼黑 1972 奧運被選為展示項目，漢城 1988 成為表演項目[1]，巴塞 1992 正式納入奧運。一般而言殘奧的運動項目與奧運的相同，但因 1992 年之時殘疾羽毛球仍未成熟，未有完整的監管、規例和規模，所以未被納入殘奧。

1995 年，殘疾羽毛球的首個監管機構「國際殘疾人羽毛球聯會」(IBAD) 於殘奧發源地英國史篤曼維爾成立，按世界羽聯 (BWF) 準則釐定殘羽的規則，同年也在以色列舉辦了史上第一場殘羽國際公開賽。

歷經十六年發展，殘羽運動於 2011 年歸由 BWF 監管，BWF

1 展示項目 (Demonstration sport) 與表演項目 (Exhibition sport) 二詞在中文傳媒報道中常被交替使用，但事實上原文 (英文) 中兩詞含義並不相同：前者僅為測試大眾對該運動的反應，後者則指正式納入下一屆奧運的運動。

也加快推動將殘羽列入殘奧的進程；2014 年，負責舉辦殘奧的國際殘奧會宣佈接納 BWF 建議，殘疾羽毛球正式納入為東京 2020 新增項目。

日期	事件
1972 慕尼黑奧運	羽毛球成為展示項目
1992 巴塞奧運	羽毛球成為奧運項目
1995	國際殘疾人羽毛球聯會（IBAD）成立
2009	IBAD 易名為「世界殘羽聯會」（PBWF）
2011	PBWF 議決將殘疾羽毛球交由世界羽聯（BWF）監管，PBWF 解散 危地馬拉 2011 世錦賽，新規下一片混亂，港隊幾乎解散
2014	國際殘奧會（IPC）宣佈殘疾羽毛球成為東京 2020 新增項目
2021	輾轉二十九年，殘疾羽毛球於東京 2020 首次登場 陳浩源勇奪銅牌

羽毛球世錦賽兩年舉辦一次：2009、2011，如此類推。
亞運四年舉辦一次：2010、2014、2018、2022，如此類推。

羽毛球

與羽毛球的緣分？從小玩到大。

1980 年代有個奇趣現象，就是好像人人家中總有兩塊 Yasaki 羽毛球拍。好動如我，在自己也記不起的某天，就第一次打起羽毛球來了。

我小時候主打足球，每天踢；游泳，小三至小六是學校泳隊，年年拿聯校獎牌。儘管是這樣，還能每星期起碼打兩天羽毛球，還要上學吃飯看電視漫畫落街玩，週末到工廠「幫手」……等等。真不知是哪來的時間。

童年偶像是號稱「羽壇四大天王」之一、丹麥傳奇球手 Peter Gade。喜歡他靚仔（重點誤），喜歡看他五花八門的招式，好瀟灑！當年未有手機未有網上直播，電視體育台也不一定轉播他的賽事，我這個小粉絲追星，要勤勤懇懇預計時間用錄影機錄下比賽，再將錄影帶複製到 VCD 慢慢看。

中三那年，有位小學同學是荃灣區羽毛球青年軍，他告訴我有個推廣訓練計劃。我一聽，$280 一星期練三次每次 3 小時，價廉物美喎，就入坑了。選拔後順利加入青年軍，到中四、五已經是全部時間放在羽毛球，一星期練足五晚。

但為甚麼在眾多運動中選揀了羽毛球？説到底還是因為我爭勝心強，喜歡以成就和實力成為眾人焦點，想別人記得我；就像我踢足球，也是要做前鋒，因為我享受入球的收視率。後來到

了練習時間真不容我兼顧足球和羽毛球、要在兩者之間抉擇時，有位師兄對我説：足球每一場一隊人最多總共入一兩球，羽毛球單打一局便自己拿 21 分，你這麼享受得分，簡單數學題，羽毛球更適合你不是嗎？聽完腦內「叮」一聲：又係喎，贏 1 分嗌一次，一場三局幾十分嗌幾十次，開心好多喎！

成為地區青年軍後，我當然幻想過進入港隊、像童年偶像般站在國際賽頒獎台上；但本來是地區賽頒獎台常客的我，練着練着卻發現，自己球技竟到了瓶頸，無法更進一步；一打全港性比賽，很快便出局。

我最初的反應，當然是找解決辦法、嘗試令自己「更好」；練體能，到外面的球會打，觀摩和學習⋯⋯無奈成效不大。歸根究底，「時間用在哪裏是看得出來的」，我中三半途出家，再努力用運動細胞拉近距離，也追趕不到一些對手從小到大專攻羽毛球的時間和資源。

邁進精英世界讓我明白到，自己以前只是夜郎自大，目光業餘，結果也是業餘。道理，跟我小時候憑小聰明不用讀書也全級前十名、升中後卻成績插水一樣：世界大了，就知道自己有多渺小。

但別誤會！我並沒有放棄。競技體育本就如此，為甚麼要氣餒？不不不。可別忘了，大家看得見的每一次「輸」，其實背後我們已「贏」過很多場波、很多對手。現實讓我見識到自己與別人的差距，愈掙扎目標愈遠，都不礙我繼續相信自己，繼續相信付出過的努力不會白費。做不到精英的最好？那就努力做業餘的最好，並且向「更好」一追再追！

做人，輸得起，才贏得起。

而人生就是如此令人難以預料。如果超正能量地描述，是一場客觀毀滅性的意外，令我置身國際舞台，取得世界排名，圓了奧運夢，認識了全球各地的運動員對手朋友，也有了力量、影響力和機遇向大眾推動共融和教育，貢獻社會。

人生每個逆境，多年後回頭看，最深刻的不是當年「失去」有多痛苦、軟弱、不甘，而是慶幸自己固執堅持熬了過去，今天才能「擁有」一些以前那個我未必得到的東西。

得？失？未到最後一刻，不要太快定奪。

大光燈

殘疾與否，一個成年人，還是要為自己生活負責的。出院後，我立即開始找工作，很快重投職場；同時，每天都在努力適應「殘疾人士」這個全新身份的生活，由怎樣上班到怎樣應付路人目光，觀察、思考、學習、了解、調節……

但再忙，「運動」一直盤繞在我腦內，揮之不去。住院臥床四肢不能動，我一直想「幾時可以運動返」；出院後由坐電動輪椅練到終於可以用拐杖趷趷吓走路，我一直想「幾時可以做返運動員」——與其説我不甘心生活只有朝九晚五，不如説我血液裏流着對運動的執着。

2008 年意外前，我本來與數位羽毛球球友組了隊，正在代表荃灣區打一個全港性團體賽，已經小組出線，誰料我遇上意外。隊友 5 月完成賽事贏得銀牌，到 7 月頒獎，那時我才剛開始在大埔醫院療養，連簡簡單單的乘坐交通工具都萬般不便，但我堅持向醫院請假出席頒獎禮。

我同媽咪講：呢塊可能係我人生最後一面競技水平比賽嘅獎牌。

頒獎禮當天那場面，我不説你都能猜到，氣氛非常詭異——由觀眾到嘉賓滿場健全人士，無端端台上的得獎運動員卻坐輪椅。

但就是因為我這一次，和每一次的堅持和執着，我的人生自此慢慢改變。

在此先説一説殘疾運動「造星」冷知識。香港不是沒有人玩殘疾運動，但港隊要發掘新血極不容易。原因一，大部分殘疾人士做運動只為消閒和復康，做職業運動員？別説野心，是連想都沒想過。二，私隱條例，除非肉眼可見，某個人或學生是否殘疾人士，旁人無從得知。三，年紀及體能，運動員要有一定體能水平，尤其是輪椅羽毛球，對體能要求非常高。要碰上一位喜歡打羽毛球的殘疾人士，更有齊年紀較輕、體能較佳、有意以運動員為職業三大條件？大海撈針！所以我們很多教練或運動員都自發兼職星探，無論何種場合，就算平日外出都會金睛火眼觀四處，一見到有潛力的人就撲過去——游説，希望對方有興趣參加訓練班。當然還要經過遴選才有機會入港隊，但起碼多個希望吖。

當年的我，就是這樣被「曾 Sir」曾昭邦教練發掘的。

正因我當晚堅持去了那頒獎禮，經朋友介紹下認識了殘疾羽毛球香港隊代表兼教練曾 Sir，得知了中國香港傷殘人士體育協會（殘體協，HKSAPD）定期舉辦一個輪椅羽毛球訓練班。我當時還在療養初期，自理都成問題，失去人生目標，表面強作若無其事但內心不快樂又不安，想做運動員但又十五十六，顧慮前途和家裏收入，也不知有甚麼途徑從何入手……千頭萬緒紛襲，但曾 Sir 一句「其實你都適合（打輪椅羽毛球）㗎」，句中那麼簡單的一絲樂觀、一點正能量，如濁霧中一線氧氣，點燃了我心裏那團火，為我未來入港隊埋下了伏線。

11 月出院，我真的立・即・聯絡曾 Sir，曾 Sir 也很開心地將訓練班申請表傳真給我。就這樣，我開始參加逢星期四的訓練班，到九龍公園打兩小時羽毛球。

這個訓練班比較像興趣班，任何水平的參加者無任歡迎，由殘體協提供運動輪椅，讓參加者體驗輪椅羽毛球，強身健體，保持社交活躍度。第一次坐上運動專用輪椅，最初的確有點怪，當你的身體變了，最基本的移動方式也改變，而且運動輪椅也跟電動輪椅有點分別，要學習和摸索一下。

但重新執起球拍那刻，我每一個細胞都甦醒了。一模一樣的格仔（球場分界線），規則，球的速度，揮拍時用的力、出的汗……一切恍如隔世，又彷彿從未消失過。

那 120 分鐘，成為我每星期最最最期待的時光。因為在球場上，我能夠從輪椅的加減速龜兔，變回馳騁球場上的出籠雀。

在訓練班打了半年球，2009 年 5 月迎來殘體協一年一度的全港性比賽。曾 Sir 叫我報名，並告訴我：港隊的三位教練都會來發掘運動員。我當然急不及待報名參加，還興奮地叫了全家人來睇比賽。

結果我一舉拿下輪羽男單金牌，賽後吃西餐慶祝。那一天，是我坐輪椅日子起計第一次真正開心地笑了出來。觥籌交錯間，我暗暗在心裏對自己說：我要做未來十年的香港冠軍。沒人代表香港出國際輪羽比賽？我來！

現在常常有記者問我，為香港打過 500 場國際賽、拿了 80 面獎牌，哪一面獎牌含金量最大？其實，這就是我人生含金量最大、意義最大的一面獎牌。

贏塊本地獎牌就這麼誇張？不誇張。一個二十多歲突然變成身體殘缺的年輕人，痛苦消沉迷惘中終於尋回自己的價值、生活目標和人生意義，最愛家人的他終於有個實質證明，讓媽媽不用再那麼擔心自己個仔「行唔行到」或「行到幾遠」，讓一直不離不棄的另一半自豪……全部，源自這一面金牌。

我愛的人，愛我的人，到底多久沒真心笑過一下？

這面金牌是黑暗中的一絲光——不，那是一支火數最勁的大光燈。

贈言

提起香港第一位輪椅羽毛球運動員，兩屆香港傑出運動員，香港十傑出青年得主陳浩源，大家一定不會陌生，而我就更為熟悉。十六年前，他接受我的邀請，開啟了自己的輪椅羽毛球運動員生涯。

在剛剛過去的巴黎 2024 殘奧會，他在男子 WH2 級單打為香港取得一面銀牌，這是他運動生涯裏所得的最高榮譽。我在電視機前目睹他獲勝的一刻，情不自禁開心大叫，感觸落淚。回想起當年一開始要坐電動輪椅來訓練班，有着打羽毛球基礎的他要重新適應，特別是如何操控輪椅；經過一段時間有了進步，他便跟隨香港代表隊訓練，但訓練班每星期只有 1 課 2 小時，這對一個有極強目標感、訓練不怕刻苦、自律的他是遠遠不夠的，於是他自掏腰包請我幫他每星期加操 4 小時。我對教輪椅羽毛球經驗也不多，我們一起找資料研究、摸索、訓練，大家亦師亦友；我在他身上學到了堅毅、堅持和克服困難的勇氣。2010 年廣州亞殘運是他事業的轉捩點，在當時政策下，如要獲得更多資源和資助就必需先有成績，結果他不負眾望，打入四強。

在我三十多年教練生涯中，陳浩源絕對是我最值得驕傲的一個（沒有之一）。在他成名後，除了要堅持訓練和爭取好成績外，他還讀書進修、公開演講、做社會公益工作、幫助殘疾人士發聲等。想知道更多陳浩源的心路歷程，這本自傳絕對幫到你，極力向大家推薦這本書！

曾昭邦教練

那條一個人悟過的路

在運動世界，單打比賽名次就是實力和排名的證明。2009 年我在殘體協輪羽比賽中贏了男單金牌、做了港一後，很開心又榮幸地，被選中跟殘疾羽毛球香港代表隊一起逢星期一和五進行訓練。

對比之前興趣班性質、參加者寥寥無幾的訓練班，港隊訓練當然更專業，團隊規模也大得多。我們教練是前港隊代表，隊友有多達十來位，而我是隊中年紀倒數第二小的一個，大家都叫我「源仔」。

當時港隊訓練目標有二：(一)10 月的韓國首爾世錦賽，和（二）12 月的穗港澳台輪椅四角賽（廣州、香港、澳門、中國台北四地輪流每年舉行的友誼賽）。

世錦賽是國際羽壇首要大賽，我當然想參加，但現實是時機和實力都未成熟——在我出現之前，港隊一直沒有輪椅羽毛球球員，不單止我作為球員本身，就連教練和團隊，都尚在摸索技巧、策略、最新打法等等。所以最終我無緣 2009 世錦賽。

至於輪椅四角賽，教練決定讓我這新人練練手、見見世面；結果我們香港隊贏得第二，僅次於廣州隊。繼港一後再一次在賽事中交出好表現，我算是開始被教練留意。

接着下一個大賽，是 2010 年 11 月廣州亞殘運。先說說亞運的重要性：在香港，每項精英運動都是按國際大賽成績來計算獎金和資助的；當年殘疾羽毛球仍未成為殘奧項目，在沒有奧運的情況下，最重要的國際大賽就是世錦賽；但對比只有單項運動（羽毛球）的世錦賽，亞運包含的運動種類較多，也因此較廣為傳媒及大眾熟悉，較多觀眾支持。

我有幸被總教練選中參與亞運，人生第一次代表香港參加國際賽。首次見識大場面感覺新鮮，眼界大開，也體會到運動員這身份受到的尊重。平日坐輪椅出街會被人鬧「阻街」、坐一程巴士去訓練都不容易，反之作為亞運代表，由專門為你設計的訓練、主辦方的安排到傳媒市民的關注，還有第一次經歷授旗、開幕、閉幕典禮，這些都跟平日作為「殘疾人士」的體驗截然不同。

至於賽果，殘疾羽毛球隊十二、三人出戰，一位師兄取得金牌，我這位新人則幸不辱命，帶來了一點驚喜，打入四強。

剛說過，香港運動員的資源都是靠國際賽定論的。要說我之前的香港男單第一、四角賽團體第二都不能作準，今次亞運第四就真的是實際好、也好實際的成績了——憑這公認的成績，我在 2011 年實實際際地獲得香港體育學院（體院）資助，每月二千多元，可免費使用體院資源和設施，也成為了港隊出國際賽的固定人選。

亞運不但令我大開眼界，也令我進一步肯定，自己投放資源去走運動員這條路，沒有錯。

人生巨輪，逐漸朝着體育國度前進。

其實當時收入與付出絕對不成正比，後來更因為殘奧改制，香港殘疾羽毛球隊一度瀕臨解散。我作為香港唯一的輪椅羽毛球運動員，獨自撐着，堅持為自己、為團隊爭取成績。

孤獨地走一條路，還要踩油向前衝，再多困難也視若無睹——傻嗎？狂嗎？但既然我怕痛要活着，那何不傻點狂點，追趕精彩的夢想？

爭取過，不枉此生。

贈言

還記得第一次認識你，是在 2009 年和朋友到威爾斯探望你，沒想到這竟是一位輪椅羽毛球王者誕生的序幕。第一次和你出隊比賽是 2010 亞運，雖然最後你未能拿到獎牌，但我當時已覺得你將會成為帶領這項運動發展的重要人物。

2014 年我開始加入成為教練，看見你在技術和戰術都不斷進步，還有你對這項運動的熱誠和執着，令我體會到一個運動員應有的模樣，實在令我佩服！之後的一段時間，不斷和你數以百局的對抗比賽，在球技及戰術大家都互相提升，當中和你增添不少友誼，大家亦師亦友，無所不談，還在 2018 年見證你拿到第一面亞運銀牌！

我知道你最終目標及夢想是奧運金牌，但因為疫情關係，令你原本最有機會奪標的東京殘奧只能得到銅牌，實在令人感到可惜！當時我知道你不甘心於只拿銅牌，必定會克服所有的困難去追求更好的成績；而果然於三年後的巴黎殘奧，憑着你堅毅不屈的精神，最後成績再進一級得到銀牌，實在令人鼓舞。或許銀牌並不是你最想要的，但相信你亦已經無悔了！

之前得知你巴黎殘奧後退役，我自己感到有點可惜，因為香港失去一位對輪椅羽毛球運動有巨大貢獻的運動員；但我知道這並不是你的終點，你只是去追尋另一個夢想而已！最後再一次恭喜你獲得巴黎殘奧的銀牌，亦祝你在未來的工作能夠順利，前程錦繡。

余廣華教練

鬥心

成為了體院資助運動員，抱歉我如此實際掛帥，但最大改變當然是能夠使用資源，醫生、治療師、按摩師、健身室……還有了第一架為我定製的專業運動輪椅。

最初我在訓練班，殘體協會在場地內提供運動輪椅；到了跟隨港隊訓練，場地不同也不會為你運送輪椅，於是我自費三千多人民幣，買了同一款輪椅。現在有了資格，總會幫我度身訂造一架四、五萬元的輪椅，對訓練大有幫助。

2011 年 6 月於德國多特蒙德打公開賽，是我人生第一次去歐洲。港隊一行六位運動員，大家各有成績，我則贏得單打銀牌。除了多一項成績證明我這港隊「潛力新星」的球技水平，國際上嶄露頭角，我也更了解輪椅羽毛球這一項運動的生態——之前以為外國運動風氣更盛，應該有較多全職運動員吧？但原來很多歐洲選手也跟我一樣，平日有一份全職工作支持生計，工餘擠時間練習。

轉眼年底，2011 世錦賽在危地馬拉舉行。世錦賽兩年一度，2009 年我未有資格參加，今屆我當然摩拳擦掌，蓄勢待發！

萬萬沒料到，2011 世錦賽，如此「精彩」。

第一樣有些許複雜度要處理的，是簽證。持香港特區護照入境危地馬拉，需辦理簽證，但香港不能辦，我們要先申請美國 VISA，再揀了距離香港最近的台灣辦理簽證。於是我們預早幾

天到了當地，心情七上八落地等簽證批出，再飛去美國，再由美國飛往危地馬拉。

以為終於順利去到當地，當局卻投下一個消息震撼彈—— BWF 為了配合殘疾羽毛球被納入奧運的進程，決定改革世錦賽並即時實行，原本的 12 個級別變成（沿用至今天的）6 個級別，運動員需即場鑑定級別[2]。在新制度下，我們港隊有些運動員失去參賽資格！！！

2011 世錦賽在震驚和混亂中結束，我自己單打八強止步、雙打第三，港隊更是整隊散掉，有人被 DQ（取消資格），有人退役，有人不想打了。一隊十幾個人，最後，有段日子真的只剩下我一個。

士氣低落，人人心灰意冷，接下來的倫敦 2012 奧運又與我們殘羽無關。轉眼一年，迎來在韓國驪州舉行的 2012 亞錦賽，港隊只有三人出戰，我亦由此點起了與宿敵金正俊長達七年的對戰烽煙。此賽最後單打八強出局，但雙打夥拍澳門選手拿了面銅牌。

是，再難我都沒放棄。每一位運動員，無論大家知不知道名字，我們鬥的不是在荊棘之路上誰爬得快或者打氣觀眾粉絲誰較多，而是鬥誰永不言棄。這就是競技心智。

2 級別鑑定是殘疾運動獨有的制度。每項運動的級別，按不同的殘疾種類和程度而定。例如輪羽有 WH1 和 WH2 兩種級別，前者為下肢及軀幹功能均有殘疾，後者為下肢殘疾而軀幹功能只有輕微或無殘疾。

2013 年頭半年，隊內還是死氣沉沉，只有我一個人練波，隊伍沒成績也沒錢出外比賽。我實在忍受不了自己的世界排名這樣不進則退，就自費大拿拿兩萬蚊，向殘體協取得批准，獨自到西班牙打公開賽。

那是我入港隊後第一次孤零零一個人乘飛機到外國打比賽，一個喼，一個運動袋，兩支拐杖，一張輪椅。回港，行李多了三樣東西：單打銀牌、夥拍韓國選手的雙打金牌、自信。

港隊也有點變化，總教練離職，換了一位新的女總教練，但訓練靠的終歸是自己。年底，又是老地方德國多特蒙德，2013 世錦賽，港隊派出連我在內三人出戰。

隊伍風雨飄搖，我對自己說，一定一定一定要拿到成績，否則羽毛球隊就真的玩完。

結果我取得單打和雙打銅牌。升上世界排名第三。

今天回看，不過輕描淡寫兩句話；但事實上由 2011 世錦賽八強出局，到 2013 世錦賽銅牌，撐過孤獨的兩年，一鳴驚人奠定世界排名第三位置，也為自己和球隊爭取到資源與希望，原因，全憑思想和心態上的 ready。

甚麼是“ready”？很多人認為，運動員的全職和業餘，分別在於誰訓練多一點、誰體能好一點，但其實，一星期練六天也可以唔專業、唔 ready 的。

而我，全職工作在身，一星期只能在上班前或下班後練波，還要自費加操才練到一星期四天；對比其他國家一星期練足六天的全職選手，照樣能夠高踞世界頭三甲。成功秘訣是鬥資源鬥時數？不不不。運動員，我們鬥「心」。

有「心」才會再苦也堅定不移，才會渴望到不成功不罷休，才會就算機遇未至仍準備到 101%。

你有否投入訓練？不要光「説」，也無需在社交媒體出帖 post 相向全世界公佈證明或自欺欺人。是制度逼你去訓練，還是你自費都不介意增加訓練、最終以實力和成績作籌碼去改變制度？你打球是為了獎金或幾多人 Like，還是不求回報搏盡無悔？你是專注市場口味、貪慕人氣的偶像派，還是每一個技巧都以「年」為單位練至盡善盡美的實力派？

嗯，大家心照。

而我自己有多狂熱，作為曾經一度孤軍撐起殘羽隊、以成績去推動香港實行殘疾運動員全職制度的一分子，不贅。

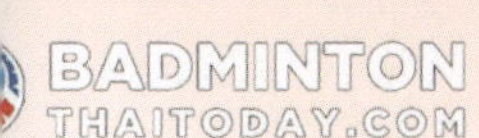

贈言

I remember the day we first met on the badminton court. We felt each other's respect and passion for the game, and we soon became each other's fiercest rivals and most important colleagues. Playing with you was always a new challenge for me, and at the same time, it was a valuable experience that made me a better player.

You were a player who pushed the limits and made the impossible possible. I will never forget the 2018 match in Australia. When you ended my seven-year winning streak, I truly admired your victory, even though I lost. It was the moment when your hard work paid off, and I also learnt from your tenacity and perseverance.

In the countless games we played, I came to think of you not as a mere rival, but as a friend who grew up together on the court. We knew each other's strength and weaknesses better than anyone else, and thanks to that, we were able to overcome our own limitations. If you decide to retire and write a book looking back on your past journey, the story will surely inspire many people. Your journey will be a valuable lesson on how to overcome the challenges given in life, beyond just winning and losing.

I sincerely support you, who always goes beyond our limits, overcomes obstacles and adversity through badminton, and gives hope to many people. I look forward to seeing new achievements you will make in your future journey.

Congratulations on your silver medal at the Paris 2024 Paralympic Games!

（譯文）

我仍清楚記得第一次在球場上遇見你的畫面。我倆都有着對爭勝的認真和熱情，也很快成為彼此職業生涯中比拼得最激烈、也最重要的同期運動員。對我來說，每一次與你對決都是個新挑戰，也是促使我進步的寶貴經驗。

你是一位不斷挑戰極限、將不可能變可能的運動員。我永遠都忘不了 2018 年澳洲（公開賽）那場對戰，你中止了我七年長勝紀錄，儘管輸的是我，但我由衷欽佩你的勝出。那一刻你以成績印證了自己多年的努力，你的堅持不懈叫我獲益良多。

我們對戰過無數次，在我心目中，你早已不止是一位對手，還是與我一起在體育中成長的朋友。我們比誰都更清楚對方的優點和弱點，也正因如此我們能夠一次次突破自我。你在退役後籌備回顧人生的新書，我相信你的故事定能啟發大眾，讓人明白如何超越成敗得失，迎難而上。

你敢於突破，一次又一次克服難關，以身作則證明可能性和希望。在此謹送上最真切的支持和祝福，我很期待看到你在人生新旅程上再創佳績。

再一次恭喜你贏得巴黎 2024 殘奧會銀牌！

韓國運動員
Kim Jung-jun 金正俊

陳浩源是這樣練成的

2009 意外後重執球拍，同年贏得港一，2010 亞運第四，2011 世錦賽港隊滑鐵盧幾乎解散，2013 世錦賽成為世三，我由零開始用了五年時間。五年，說長不長說短不短，但的確我因羽毛球而為人所知，訪問和工作因此倍增也是事實。

——但，請別誤會。傳媒訪問運動員，時時會節錄我們的說話當作「金句」、「成功秘訣」、「人生哲理」，但我本人，「成功竅門」並非甚麼「不忘初心」或「即使意外後仍堅持熱愛羽毛球不變」云云。

羽毛球甚至算不上我的初心——在這初心氾濫年代，越來越多人不知道自己「最初」要甚麼，亂談初心太廉價。

奇怪嗎？但誰說運動員的初心一定要是運動？我們每個運動員都不一樣，各有各的背景、家景、天賦、個性、經歷……動機怎會一樣？初心怎會一樣？

我真正的初心，是做一個有用的殘疾人士，不想被看不起之餘，還要被人看得起。

將動機化為行動的辦法很多，口齒伶俐可以在電台開咪，想法多可以做專欄作家……而碰巧，我的生命中有羽毛球，它加快我追夢的步伐，促成了我實踐目標的藍圖。

由香港第一（2009）到世界第三（2013），我的「初心」並不是「我想打好羽毛球」那麼偉大；相反，是因為「羽毛球」對我偉大我才選擇羽毛球——我可以憑羽毛球創造奇蹟，但我病了厭了，隨時可以放下球拍。我可以隨時離開羽毛球，羽毛球卻永遠不會離開我。它這麼偉大，我也回報以不離不棄。

當然，未成功之前，你不會知道自己選擇的工具、路向是否正確。但我的考量，在於自己是殘疾人士。在香港這社會，殘疾人士是小眾，你做得再好，也只是小眾的最好；為了吸引大眾的目光，我決定不跟傳統去走，一做就做最破格，做「香港史上第一個」輪椅羽毛球運動員，以及「世界最頂尖」的輪椅羽毛球運動員——夠話題性，夠出得大場面，那麼你總會留意到我，記得我吧？

當然，無可避免，作為「唯一」，意味着沒了我之後，無以為繼。但如細思我的初心，本就是以自己為範例，向世人證明殘疾不是殘廢，殘疾人士也可創出傲人成就。

如果比喻輪椅羽毛球為一門手藝，曾經一位孤勇者花十多年將這門手藝由 0 做到 101，就算沒了這人手藝會失傳，起碼有人在歷史洪流中實現過印證過這門手藝的極致，而這人，叫陳浩源。

所以大家要明白，重要的不是哪門藝術或工具，而是匠心。

再偉大的工具，把握與否，怎樣利用，始終在人。一發現了實現目標的方法就全情投入，直情投入到像入魔，沒津貼資助都要貼錢訓練出外比賽，沒有練習拍檔也要出盡法寶鑽研技巧練到極致，付出和家人相處的寶貴時間，周身傷患吃止痛藥當日常⋯⋯投入之多多到別人難以置信，這樣，你才能做到專業。

因為「人」的自主投入，才會將技巧練到精緻，將打法練到出神入化，將身體狀態與思維心態逼至頂峰，再衝破，再重頭追趕、超越……

一個專業運動員是這樣練成的．陳浩源 version。

所以，無論你是拼搏中的運動員，還是望子女成龍成鳳的家長，或者純粹遇上生活小挫折想呷一口速食心靈雞湯，請勿誤會「運動」能點石成金。世上根本沒有所謂成功方程式，再熱愛一項運動、再「勤力」練波，也不會無端端自動升上頒獎台。運動或其他工具，其實一直只是躺平在那裏癡癡地等，等待你心態改變，等待你行動。

真正帶我們運動員到達世界巔峰的不是運動，是我們肯為登頂付出多少。

贈言

在大眾眼中的浩源，是讓人感覺非常強悍、堅毅，對自己要求極高的一位運動員；但在我面前出現的浩源，有着鮮為人知的感性一面。當別人迷失、失落時，他會表現出非一般人可以做到的感染力，用感性的關懷配合理性的分析，很自然地幫助別人轉換思考角度，跳出困惱的死胡同。反之當浩源偶有迷失時，我有幸獲他信任，能在旁聆聽和為他分擔問題。但其實無論任何天大的事情，浩源往往會從別人的話語中得到鼓舞，加上他本身就有極高的復原能力，所以他總是很快便能重新振作，在大眾面前表現出他的招牌正能量，在挑戰面前無畏無懼，我認為這正是他個人魅力所在！

隊友王鎮炎

大任

在 2013 年 11 月世錦賽奠定了世三之位，我潛質變浮質，從沒沒無聞的小薯仔，搖身一變成為國際羽壇上有名有姓的後起之秀。那時候我認識韓國國家隊一位教練，自己得到了公認的成績後算是「有點資格」，對方就很慷慨地讓我這外人，跟隨他們國家隊訓練十天。

韓國一直是輪椅羽毛球先驅兼強國。這項目在該國有多興盛？舉個例，香港輪羽得我一支獨秀，人家一隊就 200 名球員，人多得要分數個梯隊；世界各地的公開賽一年才總共 3、4 個，但單在韓國的全國性比賽就有 6 個。要不是國際賽制度限制了每國參賽人數，就實力而論，當年的韓國輕輕鬆鬆就能壟斷所有國際賽事男女子組頭三甲。要到 2014 年宣佈殘疾羽毛球將納入奧運、開始有國家投放資源到這個項目後，近年才慢慢有他國選手相繼冒起。

集訓儼如朝聖之旅，叫我增廣見聞。韓國那全職運動員系統，那由政府到民間不同界別和機構都樂於提供的資源，那視運動員為國家英雄的社會認受性，那體育人才之多、訓練質量之高、運動員的自律和服從性——韓國運動員真的每天朝六晚九，中間全部訓練，完全唔玩手機……叫我心服口服。

還有一點叫我印象特別深刻，就是韓國人熱愛會流汗、衝撞多的運動，反之香港人偏愛靜態一點、講究技巧和策略的運動。這精神面貌，直接造就了截然不同的運動文化。

難得來到「輪羽麥加」，除了每天訓練，我當然把握良機觀摩學習。別人的制度、資源、人才等硬件非我所能控制，所以我集中觀摩軟件，看看韓國運動員操控輪椅竅門和走位方法，訓練作息模式，甚至膳食餐單等。除了用錄影機拍片，我還仔細地一字一筆記下人家的訓練方式，打算回港認真研究、嘗試。

集訓的最大得着是，見識到很多光看比賽錄像看不出來的實戰技巧。輪椅羽毛球雖然跟健全人士羽毛球幾乎一模一樣，採用的玩法、賽規也按照世界羽聯規則，但也因應輪椅的性質而作出了一些改良，例如只使用半邊場地。所以跟隨韓國國家隊訓練之後我明白到，意外前打羽毛球的那些花招、扣殺大斜線甚麼的大可通通拋開，扎實招式才最有效。

老實說，任由我這個別國對手入國家隊「偷師」，也是韓國有底氣——他們大概會想，十天我能「學」走多少？有趣的是三年後，我就升上世二了，韓國隊也自 2017 年起下令不再准許我隨他們訓練，此為後話。

回到香港後，憑着世錦賽的成績，我在 2013 年終於拿到兼職運動員最高額的七、八千元津助，也確立了隊中重點球員的位置，成為國際賽的固定正選。

資源愈多責任愈大，我也啟動了幾乎每天都一模一樣的戰鬥模式——直至 2017 年 11 月成為全職運動員之前，我的時間表都沒變過：一星期四天 06 起床、08 訓練、10 上班、18 稍息吃點東西、19 訓練、22 訓練完洗澡吃晚飯，00 回家。

委實刻板，也委實必需。雖然人人的一天都有 24 小時，但殘疾人士的時間其實更少——我走每一步都慢一點，用拐杖時見到樓梯要折回去找斜路，未計覆診、復康和調節保養義肢裝備的時間，尤其我是運動員，幾乎每個月都要去矯型部，每年都要看骨科……我作為業餘運動員，能做的就是儘量以有限時間練出最佳水平，追趕在我戰線前方的全職選手。

極端自律，付出很多私人時間，不斷身處於追趕別人和逼迫自己的責任感與壓力之中。苦？不苦。天將降大任，怕苦怎成大器？我有信心能做到一心十用，就能做到，「沒有不可能」！

運動心理學家説，這種自信心、肯定自己能力的心態，是很多歐洲運動員在球場上表現好的原因。亞洲文化卻反其道而行，別人稱讚你，你要例牌謙卑客氣道「僥幸而已」，一切成就都變成「大家的」功勞，將自己的角色説成次要……口頭説慣了，就變成一種揮之不去的思考模式，久而久之養成一個叫「退縮」的習慣。結果到了比賽時，對手一個凌厲眼神，你就被西風壓東風；觀眾一下叫囂，或別人教練一個投訴，你就被打亂節奏。

體育競技到了最頂級水平，運動員之間技術的差距其實很少，所謂「魔鬼在細節」，失之毫釐，差之千里，你輸一個小習慣就輸一世。我的自信個性不敢説得天獨厚，卻也是在球壇孤身力抵千軍萬馬的基本條件。

至於韓國集訓後自我修煉的成效如何？集訓是 2014 年 4 月，同年 10 月有重要賽事韓國仁川亞運，中間正好有兩個熱身比賽以作衡量分析。

首先是 6 月印尼公開賽，韓國世一世二沒參加，我拿了人生首面國際賽單打金牌；同月底英格蘭公開賽再下一城，只輸了給韓國選手拿銅牌，在世界強敵之前保住第三位置。

種種好兆頭，令我成為港隊在仁川亞運的大熱獎牌希望，成為了宣傳活動的重點運動員之一，與鄭伊健一起拍攝亞運宣傳片，安排傳媒訪問⋯⋯而上天既然降大任，梗係唔會畀我咁嘆的。

萬眾期待下亞運開戰，我作為三號種子，小組賽出局，八強賽都入不到。

逆襲精神

被重點宣傳然後一早出局，外界反應可想而知。對雄心壯志的我來説，賽果如兜頭一盆冷水，結結實實澆了個措手不及。

知恥近乎勇，迎難再上就是運動員的命。

經歷了 2014 亞運的期望落差，我沒空自怨自艾。那時候制度上只有一星期三天訓練，我決意追上當時世界上勁敵（來自韓國、馬來西亞、中國等的運動員）的水平，便破天荒自資請教練、自己預約康文署場地，將訓練增至一星期五天。

這份堅持的成效，很快便印證在 2015 年的成績上：我在年初的西班牙公開賽勇奪單打銀牌、雙打銅牌，隨後 6 月愛爾蘭公開賽，更成為史上首位包辦單打、雙打、混雙金牌的殘疾運動員，名字登上世界羽聯 BWF 的官網和刊物上；9 月史篤曼維爾世錦賽，亦摘下單打和雙打銅牌。憑着 3 金 4 銀 3 銅佳績，我在 2015 年獲殘體協提名，勇奪自己首個「香港傑出運動員」殊榮。同時我又計劃修讀大學學位，很榮幸有不同大學拋出橄欖枝，最後我選擇了先向我招手的香港浸會大學「優才運動員入學計劃」。

「香港傑出運動員」角逐過程，其實那時候也不太知「遊戲」規則，只是叫親朋戚友去投票。3 月出席頒獎禮，碰巧我第二天就和太太去澳洲旅行，還記得當時太太笑説：「好彩你贏咗，否則成個 trip 拖住阿愁[3]。」

能夠當選，外界公認的讚許和認可固然有益身心健康，但更重要是給了我「不負眾望」的使命感和推動力。運動員是大眾中的小眾，殘疾運動員是小眾中小眾，業餘殘疾運動員是⋯⋯總之我們一直不為市民認識，就算在比賽中拿到了獎牌、為港爭光，體育新聞也是報過便算，別說被遺忘，可能根本沒被記得過。但成為「香港傑出運動員」，我以自己的故事印證，即使是運動員，但人生的「成功」並不是靠身體狀況來定義，也證明了意志的力量：窮、屋邨仔、殘疾、亞運爆冷，但我依然能憑意志逆襲成功，為家人和香港爭光，兩手一腳建立自己的傳奇，將自己寫入體壇歷史。

與此同時，這一支強心針，以及它所帶來的影響力，令我更加肯定自己繼續走運動員之路的決心。

當選後我的知名度提升，一切像埋下的種子遇上好天氣好時機、終於萌芽一樣，開始有傳媒對我的個人故事產生興趣，主動接觸我這位殘疾運動員；報章上曝光增加，開始有學校和坊間團體邀請我作分享演講。分享多了，我開始體會到，原來我「不止」是一名運動員，我也有能力在社會中產生正面影響。多年的努力與追求極致令體育夢的種子萌了芽，繼而又種下另一顆帶領我貢獻社會的種子，以至後來我成立了以共融為本的初創企業，將對運動和生命的熱情、對弱勢社群應有的平等概念，傳達給普羅大眾。

 「阿愁」為動畫電影《玩轉腦朋友》中，代表憂傷情緒的角色。

那一年，官方早已宣佈殘疾羽毛球正式納入殘奧，將在東京2020史上首次登場。業餘運動員是否有能力入圍、一登奧運舞台，當然純屬充滿未知數，但我已非當年那個未被確認亞運資格的初哥；今次我完全心無旁騖，把備戰奧運當成一個項目那樣運作，每天努力訓練、努力儲錢，誓要去入刀山！

也許是意志愈發堅定，2016年我的國際成績也有了突破。在印尼公開賽中，我首次打敗世二金京勳。在此之前，輪羽世一世二由「東方不敗」金正俊和金京勳長佔，我是金正俊以外打敗金京勳的第一人。

感想是，原來自己眼中神級偉大的對手，只要客觀條件做得到位，贏神不是夢。

2017年，進入「奧運cycle」，亦即體育團隊着手準備四年後奧運的循環。那一年我人生最重大的改變，首先當數政府推行殘疾運動員的全職制度，而我也簽約成為全職運動員。當時是在年初收到相關消息，到年中政府正式宣佈，我也毅然辭去正職，在11月1日簽約，成為香港史上首批全職殘疾運動員。

放棄當時收入待遇和自由度都非常優厚的全職工作（當時我在澳洲公司任職銷售推廣經理）、選擇以「運動員」為職業，絕非一個微不足道的小決定；但對我而言，與其說「抉擇」，不如說是經權衡利弊、深思熟慮後終於「目標達成」。

心意上，我一直渴望以「運動員」為職業。專業上，全職後可全情投入訓練，享用體院的專業訓練人才和資源，有助更上層樓。時間分配上，當時我在讀大學，我認為兼顧運動、讀書已足夠，不想再顧及第三件事（全職工作）。當然還有收入上的考量，除了計算過自己的獎學金和儲蓄，前文我也提及過「兼職」運動員最高額津貼僅七、八千元，全職後不止月薪福利增加，出外比賽的機票食宿、對運動員必不可缺的醫療等也無需自費；對比業餘時需要自資才能增加訓練，孰優孰劣顯而易見！加上家人也一致贊成，我這決定，毫無懸念。

終於成為了全職運動員，開心得想跑到山頂最高點大叫，向全世界宣佈！這不單單是認可我們「運動員」的付出與成就，更是對殘疾人士平等意識的抬頭。香港社會不斷進步，但殘疾人士的實質社會地位仍尚待改善；一個公認的正式身份，發出了「平等」的第一個訊號，我們殘疾運動員終於有一個明確的社會角色，帶頭透過體育成就入手，向大眾印證殘疾人士的能力和潛力，展現追逐目標的正面價值觀，為社會帶來啟發與改變。

贈言

教練和運動員朝夕相處，認識陳浩源僅短短六年，但感覺上好像有點滄海桑田。陳浩源出書讓我寫感言，或許他知道，在我的眼中，他不是一個「大眾眼中」的運動員！

高水平運動員出現在大眾面前，外表光鮮亮麗、一表人才、談吐不凡；在球場上磨刀霍霍，大展身手，每一個舉動都感染人心。但是無論教練看運動員，還是運動員看教練，歷經日夜磨合，絕對是不交手不相識、又愛又恨的關係。

表面溫文爾雅的陳浩源，對任何對手，從來不顧他人感受，球場上從開場打到最後一分，乘勝追擊，落敗不氣餒，全力以赴將眼前所有的障礙清除。他對身邊的人彬彬有禮，但是排名上絕不讓賢，不論前方多荊棘滿途，他都一夫當關，誓要拿下更高的名次！

從他初生之犢的排名第五，到退役的第二，這些年起起落落，陳浩源都是從哪裏跌倒，從哪裏站起來。教練和工作人員團體雖有着重要的角色，但是沒有陳浩源的執着與努力，大夥兒或許就看不到香港殘疾運動員不屈不撓的精神。而我，沒有跟他摩拳擦掌，相知相惜，也或許不是今日的我。感謝這一位出色的運動員，在我的執教生涯中，寫下輝煌的一頁。

劉南銘教練

HONG KONG
CHINA

當狀態大勇遇上驚變

2017 年第一批香港全職殘疾運動員，都有同一個考試：雅加達 2018 亞運。

亞運於我，2010 首次參加得第四一鳴驚人，2014 眾目睽睽下小組出局，到了今屆，我以世二排名參加。有鑑於上屆令人大跌眼鏡的經驗，今次接受賽前採訪，我真的很小心——小心遣辭措意，小心自己一字一句釋放出來的期望。

為甚麼世界排名這麼高也要小心？這裏先給大家解釋一下。世界排名，計算的是指定時段中各個國際賽的成績，但可別忘了，部分比賽，別國可能只派出第二梯隊，我們頂尖梯隊，贏是必然的；但在頂尖梯隊沒出戰的情況下贏了第二梯隊，得到的名次並不能完全反映事實。正因如此，排名並不等同選手間真正的實力差距。我 2014 年的亞運遭遇滑鐵盧就是最佳例證。

結果 2018 亞運我表現不錯，即使抽籤籤位最差，我仍在決賽前一局不失，決賽面對八年未輸過一場比賽的「東方不敗」金正俊，先贏一局、被扳平、再被反超，最後銀牌收官。贏了人生首面亞運獎牌，心情矛盾，忍不住流淚但又滿意，因為最起碼，成為全職運動員後的第一份成績表，對人、對自己，都有交代。

同年 11 月澳洲公開賽，決賽再遇宿敵金正俊，我贏了，也成為了打敗他的世上第一人，全球羽壇轟動，傳媒「瘋」湧而至，報道和工作查詢暴增。

金正俊在輪羽界的神級地位世所公認，我這一場勝仗，是終於超越神，成為神級選手，公認的實力與榮幸。但同時，正如我剛剛所說，前車可鑑，我並沒有被一次勝利沖昏頭腦。

2019 年 1 月 1 日，東京 2020 奧運積分賽正式開始。

雅加達 2018 亞運贏得銀牌，是我人生首面亞運獎牌。

之前 2018 澳洲公開賽贏世一，一賽而已，無謂妄語；2019 年起至奧運前，我與金正俊共八次對決，四贏四輸，才是真正的實力證明。

積分賽由 2019 至 2020 年 3 月 31 日截止。我在 2019 年已取得足夠積分，算是坐定粒六等 4 月官宣入圍資格。

然後，就是影響了整個世界的，疫情來臨。

所有運動都有「淡季」（off-season），即完成各項大賽後不用備戰的短暫「假期」；我們羽毛球是冬天 12 月至 1 月。將要參加奧運的運動員如我，當然不會放假，教練在 2020 年年初安排我們到馬來西亞集訓。

原本計劃是集訓兩、三星期，回港調整兩、三星期，然後完成 3 月初西班牙公開賽，便可安心等候奧運宣佈入圍人選。

原本。

我們啟程集訓時疫情剛起，到了馬來西亞，香港疫情越來越嚴重。如果大家還記得那段疫情之初的日子，當時資訊紛亂，謠言滿天飛，人人都恍如情報專員化身，人人都有「可靠消息」説政策將會如何如何。那時我們身在異國，很擔心返回香港後不能再出外比賽，於是選擇留在馬來西亞，打算直接熬到打西班牙公開賽；逗留時間由三星期變六星期，需要香港的家人寄物資支援。公開賽原定 3 月 10 日開始，我們等了又等，都等不到 BWF 的更新消息（最終官方是在 3 月 6 日宣佈賽事取消），但運動員一定是要提早數天出發的，我們等到不能再等，唯有照樣出發到機場；臨辦登機，再聯絡 BWF 最後一次，那一刻他們才確認賽事取消，我們像肥皂劇情節那樣在閘口調頭，乘車回酒店，再另乘機回港。

疫情期間整個地球停頓，所有類型的活動都相繼取消，即將舉行的奧運和殘奧更是焦點中的焦點，每個「可靠消息」都令運動員來回地獄又折返；對我們殘奧選手來説更是多一重難捱，因為能入奧運的運動員已是小眾，殘奧運動員更是小眾中的小眾，入圍機會可一不可再，延期或取消都是極大打擊。

幸好官方效率夠高，在 3 月 24 日宣佈東京 2020 延期一年。

有個日期心裏有個底，但疫情下訓練真是一言難盡，不堪回首。首先是政策不斷變化，有段時間運動場所全部停止開放，一個做運動的地方也沒有——那時候很多人「街跑」（在街上跑步），但我輪椅人士當然沒有這個選擇；想到公園，被公園管理員説我輪椅「開咁快」、「嚇親啲公公婆婆」；想到單車徑，被單車人士罵我輪椅又闊又慢「阻住地球轉」；就連到普通的行人道，那本來就不是做運動的地方，被路人罵我「會」撞到人。

名副其實，走投無路。

後來體院開始實施封閉式訓練，檢測要求必需於體院隔離 14 天、每兩天檢測一次，然後可以在設施內進行訓練；一旦離開體院，便要再次重複隔離和檢測程序。

政策需要無可厚非，但對我而言卻倍加難受、倍加折磨，因為……當時媽媽患癌。

陪母親治療看醫生、侍奉在旁，本是我做兒子的理所當然，我卻被迫每次都要在訓練和陪伴家人之間抉擇。

也正是那段日子，我再一次、進一步體會到，殘疾人士要做運動之難。為此，我決定盡自己的一分力，自資拍片，聯同物理治療師、拉筋師等專家，教大家在家運動，還特意設計不同難度的動作，道具也選用毛巾水樽等家中常見物品；影片拍好後，我將之傳送給全港傳媒免費使用，希望儘量幫到最多的人。

至於疫情對備戰奧運的影響，我們每一位選手，都只能在自己不能控制的情況下，利用可以取得的所有資源和方法，儘量準備好自己。只可以說，在這種最高水平賽事的層面，再細微的影響，都會放到最大。

而我本人，想訓練也沒有運動設施，只能在家練練啞鈴和手部單車；沒有輪椅隊友，只能跟企立組球員對練。不能出外比賽，沒有任何大賽的熱身和調整機會，下次一見對手就是奧運這最大舞台，大家準備工夫、進步程度和狀態完全未知。私人生活上，結婚後和太太養的第一隻日本柴犬，我們一開始還笑說我會到牠的家鄉（日本）打奧運賽，言猶在耳牠突然離世，一整個星期我邊哭邊訓練。本來為家人買數十張門票見證我人生的第一次奧運，現在延期再宣佈閉門作賽，不巧媽媽患病，辦退票時，百感交雜……

我咬緊牙關，一星期六天訓練，一天假期都沒申請過。

就這樣，難過亦要經過，2021，奧運年到來。

東京奧運

東京 2020 的入圍人選，於 2021 年 4 月宣佈。

雖然早知自己積分賽成績已「過關」，但「知道」是一回事，白紙黑字確認資格，那份開心又是另一回事。

即時感受是，自己夢想成真，使命完成了一半。目標，當然是金牌。

至於外界，當時整個世界愁雲慘霧，奧運這全球大型活動兼體壇最頂尖盛事，當然被加倍鋪天蓋地地宣傳、談論；每一位運動員也化身「吉祥物」，成為炙手可熱的採訪對象，向大眾傳送正能量。我這位奧運初哥也第一次感受到傳説中的「奧運魔力」，拍攝訪問工作多不勝數，認識我的人忽然多了，在平日無人問津的社交媒體帳戶説一句話也會有人轉述。

對殘奧來説，奧運是熱身。奧運正式開始，港隊屢傳喜訊，張家朗為香港相隔四分之一世紀後再奪金，何詩蓓為泳隊歷史性摘銀；我們殘奧代表隊也因而倍加備受關注。

因為疫情，奧運和殘奧史上第一次閉門作賽，我人生第一個奧運的體驗也獨一無二。除了完全沒有現場觀眾，出入境限制也非常嚴謹，不能像以往那樣逗留當地、好好感受比賽和當地氣氛；連賽期在內，規定只准早五天到日本、完賽後 48 小時內離境，即最多逗留十一天。

每項運動的賽期都不一樣，東京 2020 羽毛球排在最後，在出入境限制日數要求下，殘奧開幕之際我們球隊仍在香港，緊張地等待出發。有些市民很風趣，街上碰到我，說：「咦點解你喺香港嘅？咁快輸咗呀？」

嗯，多謝你的窩心勉勵呀 ☺️

也因此抵達東京時，我們已知殘奧港隊的成績不大好，「壓軸」的羽毛球隊遂肩負起奪牌重任。

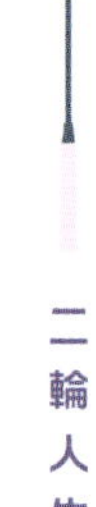

我的單打之旅也正式開始。與輪羽對手十八個月沒見面，大家閉關修煉後，實力和狀態又會如何？100% 未知。

開局不錯，第一場輕取法國選手。

第二場對上當時世界排名第六的梶原大暉，打足 68 分鐘敗陣，除了意外梶原的表現跟疫情前截然不同（疫情前二人對陣，陳浩源全勝），也意外自己爆冷未能小組首名出線直入四強，打亂陣腳，要多打一場八強賽。

八強對世界排名第三的英國選手，順利全取兩局，殺入四強，對上宿敵金正俊。

這當然不理想，我有野心爭金，希望決賽才遇上金正俊，但現在四強便碰頭。壓力當然大，但我逼自己不去想那麼多，只集中儘量做好身心準備。

我們兩個的對戰，說實話是矚目的。當時我是全球唯一打敗過金正俊的人，計往績，最近八次對決我倆平分秋色，各贏四次。

賽事開始。我拿下第一局，第二局卻緊張了，輸掉。到第三局打到落後 8:12，打完一板手抽筋，立即治療；最後輸掉那局。

入不到決賽，爭金希望幻滅，剩下來的救命稻草，就是銅牌賽！

銅牌賽即是，勝則取得我人生首面奧運銅牌，敗則空手而回，差天共地！你可以想像到我賽前壓力有多大。

我太太素來不參與不評論不分享我比賽消息成績甚麼的，但這次，比賽前通電話，她說：「我唔理你，你一定要同我攞塊銅牌返嚟！」

好，老婆大人下令，我聽令～

銅牌戰對手是金京勳。平心而論自己是水平佔優，加上要爭牌的那團火，第一局分數爭持「撻」到 20 刁時，我頂住壓力拿下此局。次局對手體力明顯下降，我在心裏不斷叫自己不要急躁、放點耐性打好每一球，最後大比數 21:9 勝出，贏得銅牌。

2021 年 9 月 4 日，香港運動員陳浩源於東京奧運贏得銅牌，開創香港殘奧代表隊歷史，勇奪首面羽毛球項目的殘奧獎牌。

KYO 2020

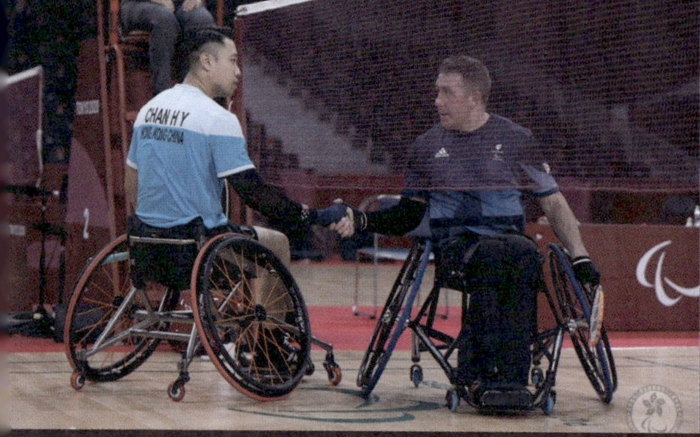
CHAN H Y

YO 20
KYO 2020

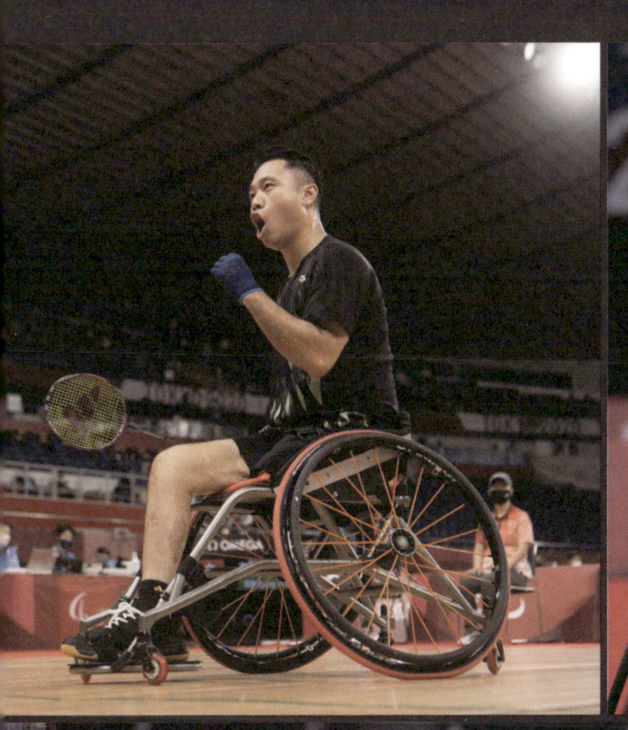

Chapter 3

色彩之旅

對某位名叫陳浩源的運動員來說，第一次成功，可以說是運氣僥幸因緣際會，第二次成功，才叫實力。

東京 2020 殘奧銅牌收官，站在奧運頒獎台上，毫無疑問圓了夢，但，獎牌顏色，未如預期。

奧運每四年一度，正常備戰循環也是四年；東京 2020 延期，令所有運動員包括我的備戰循環少了一年。亦即是說，剛完成奧運，便要立即再次作出人生重大抉擇：

下一屆，打唔打？

答案很簡單，只是「打」或「不打」，沒任何含糊餘地；要考慮的，卻不簡單。

生活？要付出的是又一個三年，無價的陪伴家人時間。傷患？運動員誰沒有。狀態？全屬未知，但客觀成績可見端倪；主觀我亦相信過往每一天的付出，相信自己未來的自律與堅持。心願？奧運金牌，從來沒變過，今屆入不了決賽，始終帶點遺憾。

不滿足於僅僅圓夢，不斷嘗試突破自己、追求極致，是習慣，是喜好，是對自己好一點、令心情變好的小甜品，也是人生在世能超越庸俗，站在金字塔頂端的不二法門。

陳浩源之所以是今天的陳浩源，全因他堅信：人類身體有限，憑意志開創的可能性卻無限。

巴黎見。

再挑戰一下自己

2021 年 9 月 4 日贏得殘奧銅牌後，我深思熟慮了數星期，衡量了事業、家人、生活各個層面，最後決定再挑戰一屆奧運，重返封閉式訓練的生活。

疫情下世界仍未回復正常，體育重返國際賽寒冬。受感染可能性、出入境和隔離政策增添未知數，令訓練計劃難以制定之餘，打打停停的模式也極度影響練習進度和狀態調節。正因如此，當 2022 年國際賽開始零星回歸，我們運動員之間也流行一種出賽模式：出國比賽後不回家，直接逗留在外訓練至參加下一個比賽。但當然，每次出外比賽，回來又要隔離。那陣子，我們把香港所有隔離規定都體驗了一遍[1]。

我在三個月內連續完成巴林、杜拜、加拿大、愛爾蘭 4 個國際賽，期間完全沒有回港。打完泰國站，到了 11 月的日本東京世錦賽，當時梶原大暉已冒起、超越了金正俊和我，我 2022 年的世界排名也降至第三，直至巴黎奧運前才升回至第二。

世錦賽我原打算報東京奧運一記之仇，不過劇情重演了一遍，又是四強賽遇上、敗給金正俊，只摘銅牌。

但亦正是在那一場比賽，我發現，自己的實力水平已追上金正俊，只不過是打的內容不對；回港後立即找教練研究，針對性

疫情期間，香港規定的出入境隔離日數改變了數次。

改變自己的打法。那屆世錦賽也是我人生最後一次輸給金正俊——自 2023 年起，我終於憑這麼多年的努力不懈，終止了職業生涯前半生「遇金必敗」的局面，此後在各個國際賽中對上金正俊一局不失，全勝！✌

巴黎 2024 積分賽，由 2023 年 1 月 1 日開始。

38 歲，在運動員中屬「老將」了，傳媒也總愛提及我的年紀。每次讀到報道，我都暗忖：才不，我狀態好着呢。

事實是，在金正俊稱霸時期，傳媒總説年紀不是問題（金正俊比陳浩源年長六年半）；到了梶原大暉冒起，又大字標題新星「年少」（梶原大暉比陳浩源年輕十六年）。對此，我都習慣了，不以為然——我一向認為，年齡和身體狀態是兩回事。

毫不諱言，對於入圍巴黎奧運，當時的我從沒擔心過。我更非常冒險而進取地，決定將 2023、2024 年的所有積分賽，以備戰巴黎的方式去打：策略上針對對手，測試自己的實力水平。

在積分賽中這樣做，當然風險極大，但既然我的目標是衝擊金字塔最尖端的奧運金色獎牌，這就是我必做之事、必冒之險。

我還作出一個重大改變。在 2018 年末澳洲公開賽成為世上第一個擊敗金正俊的人之後，殘體協就叫我專注單打，以免兼顧雙打、混雙消耗太多。但很快，問題出現。

在國際輪羽界，運動員水平差距明顯，我作為頂尖球手之一，大賽中入八強是容易，但過後一碰面便是梶原、金正俊等頂尖球員，〔輕鬆取勝→生死決鬥〕這種模式差距太大，大大有損備戰的兩大重要元素：爭勝心和信心。有見及此，我對教練說，為了做好奧運衝金的心態準備，我必需再次打雙打，多點練習，多點獎牌，多點信心。

教練也相信我的選擇，於是自2023年起，我在一級賽（奧運、亞運、世錦賽）中依舊專注單打，在二級賽中則同時參加混雙。除了多了獎牌、信心更大，也重拾最原始也久違了的，勝出比賽的快樂。

事實證明我當時決定正確。除了奧運成績提升，我也憑混雙6個比賽5金1銀的佳績，於2024年榮登混雙世界排名第一。感激自己的大膽，感激教練的信任。

總而言之，備戰奧運前半段日子，感覺自己狀態不俗，體能正在巔峰，面對宿敵金正俊也充滿信心，身心各方面都勢頭大好。

憑混雙項目終於一嘗「世一」滋味，感謝拍檔杜文琪。

贈言

第一天認識陳浩源時，我立即被他的熱情和毅力所感動。很多人都好奇，為甚麼我會由教香港羽毛球隊轉去教香港殘疾羽毛球隊？陳浩源的獨特魅力，在於他不僅是一位出色的殘奧羽毛球運動員，更是一個心思細密、行事有幹勁且執行力強的人。

「身體或許受限，但思想卻是無窮的。」這是我從陳浩源身上學到的重要一課。自 2021 年東京殘奧後、決定要協助他衝擊巴黎殘奧開始以來，我意識到這段旅程不僅是關於幫助他取得更大成就，更是關於自我挑戰和突破自我的重要一頁。

作為他的教練，我見證了陳浩源在球場上的精彩表現，以及他從中展現出的堅韌和毅力。兩面殘奧獎牌，是他努力不懈的最佳證明。

然而，更讓我欽佩的是在生活中，陳浩源那種堅強的意志和樂於助人的品格。他是一個真正的生命鬥士，他的精神力量激勵着我。

我祝福陳浩源未來的旅程繼續充滿精彩和快樂。他的故事將永遠激勵着所有與他交集的人，包括我在內。

陳仁傑教練

PARIS 2024

傷患

2023 年 6 月加拿大國際賽，到了四強，比賽之際，腰部忽然一痛。

運動員傷患難免，老實說，我早當輕微痛楚是正常。所以這次即時反應也是一如以往，一笑置之——雖然比「正常」痛一點，痛得很不尋常——我也只是想，大概肌肉繃太緊了吧，如常緊急物理治療，如常繼續比賽，拿了銀牌。

回港如常訓練。某一天練着練着，忽然腰「啪」一聲，完全動不了。立即找醫生，經磁力共振掃描證實椎間盤 L4 和 L5 移位，壓住兩側神經線，無論向前搗身還是向後拗腰都痛。

我對醫生說，我在打積分賽，沒時間休養，再嚴重都不打算做手術。

剩下來的辦法，治標不治本，物理治療、針灸、吃止痛藥。隨之我便開始了十多個月不吃藥便痛，吃遍全部牌子的止痛藥，每天都一邊痛一邊訓練的日子。

後來結果如何，大家都已知道，是我一直撐到奧運決賽前夕，身心緊張壓力下，腰痛再次爆發，我痛到嚎哭，以為自己不能出賽。此乃後話。

說回眼前的奧運積分賽。今屆奧運，有 4 個分組，世界排名首四位的選手將各據一組。

為了爭取更佳排名、不用在四強賽便對上世一梶原大暉，我專心打好十多個排名賽。憑着必勝的決心，排名賽最後一站，我成功以 40 分之微（總分約 5 萬分）超越金正俊，如願成為二號種子。

巴黎殘奧 8 月 29 日開幕，世界羽聯（BWF）在 8 月 24 日才抽籤，當時香港代表團已在機場準備出發，我正身處奧運誓師傳媒活動，發表持旗手演講和接受訪問；活動完成後，當時官方仍未正式宣佈抽籤結果，我在候機室不斷向其他國家隊的朋友發訊息，最後是英國隊總教練先回覆我，確認了我的籤位，我才終於鬆一口氣。

輪椅羽毛球 4 個小組，每組首名出線一人，四人爭三甲，能抽到「好籤」，非常重要。我在 D 組，對手分別是智利和馬來西亞選手，只要發揮正常，我有把握順利出線。

職業生涯最後的亞運，杭州 2023 奪銅，那時候其實已過着「止痛藥生涯」。

無可否認，抽到「好籤」令我安心下來，腦海不會無端浮現上屆失落於小組賽的無謂重播畫面，可專注備戰。

接受傳媒訪問之時被問到今屆目標，我回曰：能入決賽，獎牌顏色改變。

獎牌有銅、銀、金三種顏色，上屆奧運我拿的是銅牌，獎牌顏色改變，意味着成績要比上屆好，非金即銀。

同時我亦宣佈這是我最後一屆奧運。這麼多年追逐體育夢，訓練就是生活，現在不惑之年將至，是時候把時間留給我最愛的家人，太太、媽媽，開展新的人生方向，追尋新的理想抱負。

自己的最後一屆奧運，壓力當然大。雖然近年自己在球場的統治力高了，但同時輪羽界新人輩出，昔日金牌是與金正俊二人之爭，今屆與金正俊、梶原大暉、于秀榮爭持之餘，其他對手水平亦非常貼近；再加上有傷患隱憂，別説金牌或入決賽，保住一面獎牌已不易，必需嚴陣以待，每一局都不容有失。

但壓力以外，巴黎 2024 還是充滿了新鮮感，因為上一屆閉門作賽、沒有觀眾、逗留限制嚴格——雖然因疫情關係，東京 2020 這場體壇盛事成為低迷消沉中的焦點所在，市民對得獎運動員的反應甚至比今屆更加熱烈——於我而言，今屆才是真真正正的奧運。

今屆全新體驗除了有家人現場觀賽，能夠在賽後留在當地好好觀光和感受奧運氣氛，還包括被選為香港代表隊持旗手，成為史上首位同時於開幕及閉幕禮持旗的運動員，深感榮幸。

PARIS 2024
HONG KONG, CHINE

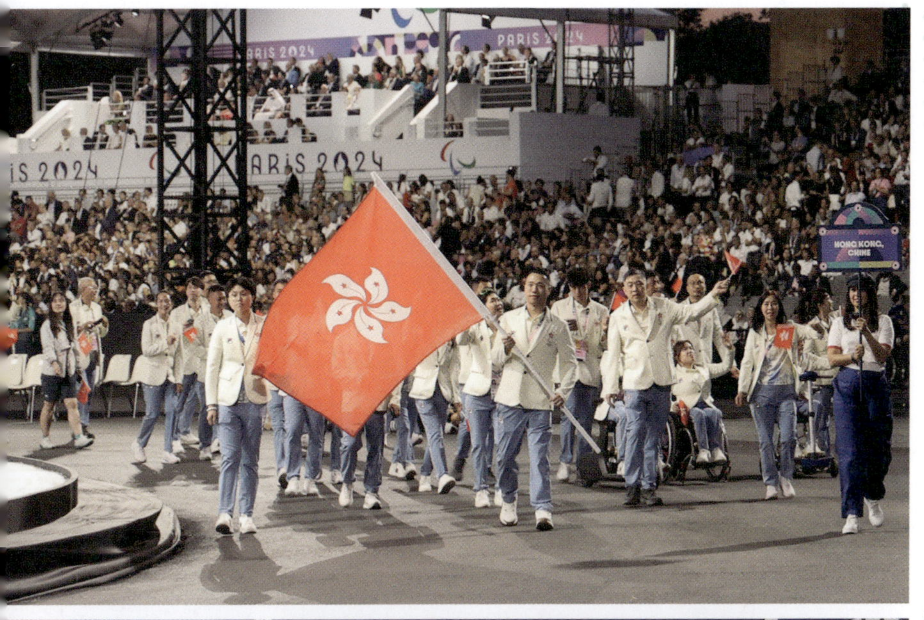

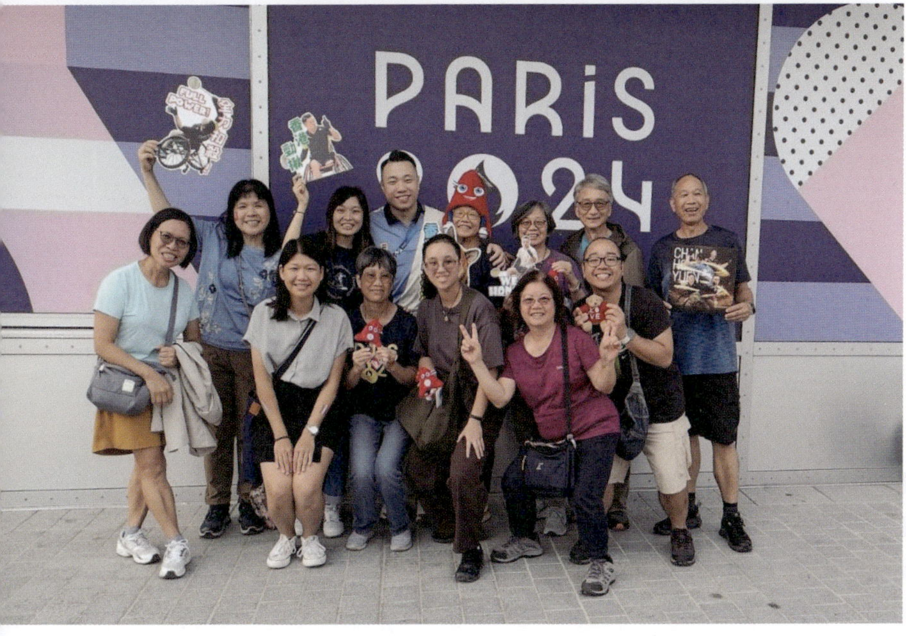
PARIS 2024
FULL POWER!

戰歌

第一場對智利選手，目標是發揮應有水準，同時適應場地外來因素。

說說羽毛球小知識。打球時，外來因素有三：

第一：球的飛行速度，會因場地室內氣溫和濕度（來自天氣、空調和觀眾人數）而改變。球有分快、中、慢三種，如較熱和濕，要使用較重的慢球，才能穿透水分粒子多的空氣，反之冷和乾用快球；比賽時用哪一種由官方決定，官方會在開賽前找教練試球以作決定。此外亦有可觀性的考量，例如在女子組比賽，本身女球員轟球力度輕一點，官方常選快球，球來球往更快，賽事看起來更緊湊精彩。

第二：燈光。羽毛球的球體積細小，在某些燈光角度下會「隱形」看不見。因此球員會視察球場的照明角度，甚至連觀眾衣物顏色都要注意，看看有否同色衣物令球「消失」。

第三：風。羽毛球球身較輕，空氣對流自然有影響。而且這一因素必需即場及實時摸索適應，因為每一場比賽的觀眾人數都不一樣；觀眾多，空調增強便會風大。

第一場輕取對手，也有空間去適應場地和比賽節奏。

第二場對馬來西亞選手，順利過關，對場地更有把握，心裏更踏實。

四強對上韓國 21 歲新星于秀榮，有點心理陰影。因為在年初的世錦賽，正是於八強輸給他，令我人生首次世錦賽無獎牌而回。為此我開始了魔鬼式訓練，今戰誓報世錦之仇！

俗云「拳怕少壯」，當時輸給這位比我年輕十八年的運動員，外界不厭其煩地「強調」我年紀大、輸體能；但我就是要證明「不」！

體驗「真正」的開幕式後，奧運之戰正式揭幕。

第一局險勝 23:21，其中最驚險是一度落後 18:20，由對手先達 match point 決勝分，但我不停對自己說「你可以的」，最後憑爭勝心和凌厲眼神，扳平反超，拿下這一局。第二局我不斷叫自己耐心點，繼續消耗對手體能、鬥耐力，令對手疲憊心焦失誤，結果順利以 21:10 勝出，順利晉身決賽。

贏了這一場四強賽，我喜極而泣。除了實踐了自己賽前說要爭金的承諾，意義重大，還因為這是我對教練陳仁傑「陳 Sir」的承諾。

陳 Sir 是前羽毛球香港隊代表，世界排名最高達第九，一步之差無緣奧運，退役後任職教練。東京奧運後，我深明近年對手水平提高，教練質素更顯重要，所以親自三顧草廬邀請他擔任殘羽隊總教練。

當時我說，我和朱文佳（港隊 SH6 級選手，時為世界排名第一）雙線出擊，帶你一圓奧運夢。

外界常常認為，殘奧是殘疾人士的比賽，覺得我們規格低一點、競爭沒那麼大，獎牌光環打折扣；本來陳 Sir 擔任健全人士的教練，賺錢更多、更有威望，但他最終答應了來執教。我能晉身決賽爭金，不但是證明自己，也證明了陳 Sir 的專業，他是奧運級教練，實至名歸。

實踐承諾，當晚我立即放鬆心情，也完全不看手機，專心緊張到失眠。

贈言

Chan is a player I have admired and set my sights on ever since I started playing badminton, and it is thanks to Chan that I have become stronger.

In recent years, I think we have become like rivals who have helped each other improve.

Finally, being able to compete against him in the finals of the Paris Paralympic Games was a memory that will last a lifetime.

I was very happy that we had fun talking to each other off the court.

I'm sad to see him retire, but I'd like to talk to him a lot if we meet again somewhere.

（譯文）

從第一天打輪椅羽毛球起，陳浩源就是我欣賞的運動員和追趕的目標。全因有他，我今天才變得更強。

到了近年，我們成為了互勵互勉、令對方變得更好的對手。

能在巴黎殘奧會決賽與他對戰，是我一生都不會忘記的美好回憶。

踏出了賽場，我們常開心聊天，樂趣無窮。

今天他要退役了，難免依依不捨，但我期待大家有緣再聚，再聊個不亦樂乎。

日本運動員
Daiki Kajiwara 梶原大暉

你可以的

決賽，對上世一梶原大暉。

上次奧運因輸給他而「意外」小組未能全勝、多打一場且無緣決賽，他又「爆冷」贏倒金正俊，但放下球拍我們關係友好，惺惺相惜，他還在採訪中説過當我是“sensei”（日文「老師」），是他學習對象。四強賽前休息時間，他特意走過來對我説，希望決賽時對手是我，我們還「勾手指尾」許諾。而他自己也在四強賽擊敗金正俊，一如承諾，成為我人生最後一場奧運賽、國際賽的對手。

決賽在晚上八時半，那天白天，我還蠻輕鬆的，覺得自己狀態不俗。豈料下午四時半，正準備前往球場熱身，忽然腰一痛。

我當然不敢掉以輕心，吃了止痛藥，卻沒有用，乘車、吃飯，越來越痛。

到了比賽場地，梶原已在場練球。我也開始熱身拉筋，還是越來越痛。隊醫團隊立即拉起了遮簾，兩位物理治療師同時為我緊急治療，不讓對手看到我狀況。

我這麼一個能承受痛楚的人，痛到完全動不了，不是默然流淚，是大哭了起來。

那一刻真的非常激動，比賽壓力，怕連出場能力都沒有、來到決賽才要退賽的恐懼，辜負所有人期望的失望……

我正狂哭着，這時，治療師伸出手，擁抱我一下：「你可以的，會打到這場比賽的。」

四強賽是我自己對自己說「你可以的」，決賽，也是這一句「你可以的」。

很簡單，力量卻很大。

通常即場治療不會用上針灸，但這次針灸按摩推拿止痛藥四管齊下，搶救了一個小時，我始終能動了，便如常熱身。

場邊的教練朱文佳和團隊，這麼大的動靜，我也不知他們是否看出端倪了，但當時大家都很有默契地一言不發，各司其職，儘量不影響我心態。

至於對手梶原，當然早就知道我受腰傷困擾，畢竟我這問題已出現一年多，他也能看見我吃止痛藥。開場時，我們球手在準備入場的指定列隊位置、等待隨球證入場；握手後，梶原對我說，很高興我倆都如諾晉身決賽。

他說：「無論怎樣，請你用盡 100% 全力，打出一場最好的比賽。」

事後有網上輿論說他針對我的傷患來打。噢親愛的，這就是策略。運動員的身體也是本事的一部分，弱點就是弱點，球場上勝負關頭，可不能光談人情味。

無論怎樣，踏入球場地板範圍，我已清空腦裏一切多餘思緒，沒再想傷患勝負獎牌，只一心想施展渾身解數，將自己畢生所學，盡情發揮出來。

比賽正式開始，擲毫由我先選球場，我選了上一場的同一方向。誰知，風向變了，我還沒適應好，便已以 10:21 輸掉第一局。

第一局有個小插曲。中段有兩球出界失分後，我上前跟球證說了幾句；如果看重播影片，你會見到我做了個蛙泳似的手勢。原因，司線員判「出界」是攤開兩手，「界內」是合起雙手，那兩球，司線員卻「彈弓手」，手攤開了又合起。

羽毛球着地的瞬間也會受風向影響，正常來說，專業司線員會在最後才給出手勢。我向球證說的是，司線員「游水」，這是奧運決賽，這樣不專業可不行，問球證可否換司線員。球證無奈說不可以，說她會看着點。

我還奇怪為何旁述員和網民沒討論這事，或者以為我投訴球證的判決。原來是鏡頭角度看不到司線員。此為後話。

無論怎樣，第二局梶原發揮出應有的水平，以他的實力、觀察力和執行力，再以同比數拿下。這場奧運決賽，我取得銀牌，也兑現了自己的承諾，獎牌換了顏色。

目標達成，高興是一定的；遺憾在傷患因壓力於關鍵時刻爆發，不能向觀眾和現場觀賽的家人呈現最好的自己。因為腰痛，心急想打好一點，比賽時略欠了點耐性，也冒了一些不必要的險，表現不比四強賽好。同時，我真心佩服對手，發揮精彩，當得起輪羽世一這稱號。

我沒那麼熱愛球場

勇奪奧運銀牌後，也許跟外界猜測的相反，我是真・滿心喜悅。老實説，比賽前一年半腰傷纏擾，連續吃十三、十四個月止痛藥，説不難受只是自欺欺人。悄悄告訴你，我經常自言自語：「捱埋佢，一年後唔使再返球場啦！」

但回到決賽球場完賽一刻，還在向對手、球證、裁判説着「Thank you」，我環視一遍球網，地板，球證，觀眾⋯⋯忽然感悟，我人生中，真的不會再參與這樣的大型比賽了。比賽球來球往間、如電流般衝擊血脈的感覺，決賽前夕的緊張失眠，輸波不甘心要復仇反擊的戰意⋯⋯

轉身 180 度背向球網，看了看一張張在場邊觀賽他國球手的臉之後，我已開始掛念這戰場生涯，淚凝於眶。

一離開球場，向現場的家人打了個招呼手勢，便被大會人員捉住做訪問。嗯我想説，其實那一刻，我真的不想用非母語説話，情緒一經腦內翻譯，便變淡了。還有被問及感受如何，為何輸波，自己銀牌對手金牌有甚麼想法，覺得對手勝出之道⋯⋯好了，不就是翻來覆去問我為何失敗？如此欠缺創意和事前準備的問題，昔日是市場推廣業界人士、慣常被訪問又非常重視內容質素和遣辭用句的寶寶要生氣啦。

完成所有傳媒訪問後，我返回後台。當時不止港隊團隊，四強選手也都在場；我先向團隊道謝，然後與選手聊天拍照。

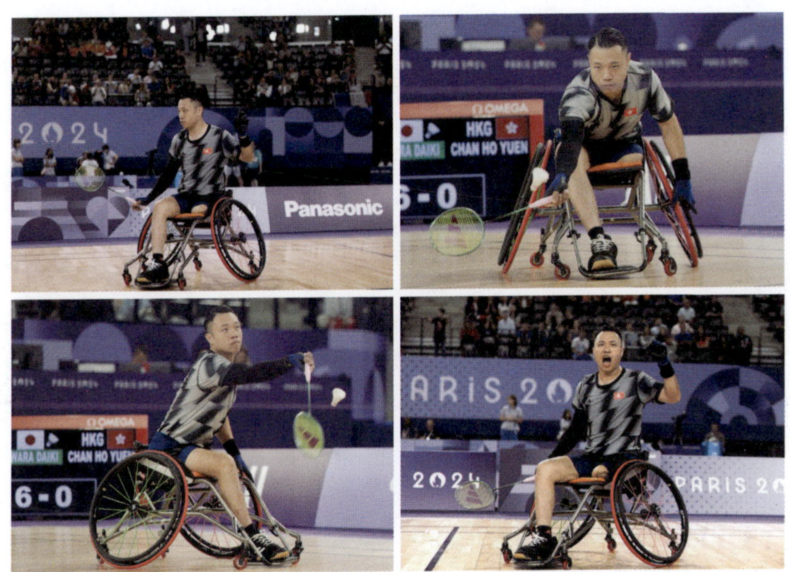

我們各國運動員，相識這麼多年，一離開了戰場，都是朋友；即使言語不通，但祝賀和交流都是真心的。這次見面，大家真情流露，金正俊還給了我一～大個擁抱。

我也發揮自己健談本色，慢慢享受這相聚一刻，聊到被工作人員催促我去上台領獎。

兩屆殘奧，回憶難數。無論是香港隊史上第一面奧運 / 殘奧羽毛球獎牌，羽毛球隊史上唯一一人連續兩屆參賽均奪牌，還是史上首名奧運 / 殘奧開幕及閉幕禮均擔任持旗手的運動員……我最希望大家記得的，是我付出過的努力，獨力開創輪椅羽毛球這一個項目。

我陳浩源，明天還是要繼續回體院訓練～

PA
PARIS 2024 PARIS 2024 PARIS 2024

PARIS 2024

Chapter 4

源動力

人生充滿挑戰，只要在困難與挫折面前無畏無懼，視之為思考、學習和證明自己的機會，我們就能一次次突破限制，開創更多可能。

adidas

這一份追逐夢想的勇氣與毅力，並非天馬行空而來；我陳浩源，也是從一場突如其來的意外開始，重頭學習、成長、突破、再學習，克服途中重重障礙，累積了智慧和自信，最後才將今天的小成就掬在掌心。不管當時覺得有多難熬、有多艱巨，每一個時段的每一人事物，都是學習的機遇，只要懂得掌握，從多角度思考解決辦法，那些看似難受的時刻，都會化成日後受用無窮的經歷與人生觀。

本章將我過去兩輪人生中一些具啟發性、值得反思的片段，以及從中學懂的生活小智慧，分享給大家。惟望由此帶給大家一些靈感，或哪怕得到一點點得着，助你以正面思維笑對人生逆境，開創屬於你自己的未來。

不談運氣，只談有種必有收

雖然運氣由天，但做人處事由「我」；「我」昔日種下怎樣的種子，將來就收獲怎樣的果。

2008 年 11 月出院後，我很快便開始找工作。

眾所周知殘疾人士極難找工作，難的不止是甚少僱主願意聘請殘疾人士，更難在簡簡單單的「返工」過程已極不容易。

以我需要坐輪椅為例，輪椅人士無論做甚麼，所花的時間都比健全人士多：梳洗出門慢一點，走每一步路都慢一點，乘車必需等班次較疏落的金巴（有輪椅地台的金色巴士）⋯⋯而且不是每個地方都能去，因為輪椅上不了樓梯，所以場所必需設有斜台和升降機；途中的道路，路面凹凸不平或太斜也不行。

我找工作的壓力、焦急和憂慮，亦非找不找到、有沒有收入那麼簡單。財政固然是最實際的因素，我家並不富裕，意外後頓失一大經濟支柱，我想儘快減輕家人負擔。其次，本來媽媽是反對我出院的，擔心家裏設備不合適、沒人照顧我等等，我卻堅持要出院，我們因此吵了幾次架；找到工作，是向她證明我有實力過「正常」生活，證明我的決定不是單純任性怕悶。最重要的是，我一向最重視家人，我想儘快自立，不用家人尤其是媽咪要辛勞工作之餘，還要憂心我的未來。我要讓她忘掉那個攤在病床上四肢不能動、令她傷心又擔心的我。

搵工難，難於上青天！但難，不代表我會因而消極。可能是要實現目標的渴望大於情緒吧，雖然明知求職不易，但我一直都能保持樂觀——既然不開心解決不了問題，為甚麼要不開心？如果一直有裝備好自己，總能遇上伯樂！

事實也果然如此。我自小愛廣結人緣，在學校裏、打球時、工作上、日常生活中，結交了很多不同年齡層的朋友，意外後來探病的有心人簡直魚貫而入。出院後短短數個月，有位打球時認識的朋友兼五金舖老闆，得知我在找工作，立即伸出援手，對我説他正打算聘請一位「識英文嘅」文員；知道我坐輪椅，還義不容辭特意在舖頭出入口加建一個水泥斜台。於是我便在 2009 年春天，開始了「返工加油」生活，每天掐着金巴到站鐘點，坐着電動輪椅上班。

待人以誠，別人也以誠待我。

到 2010 年年初，我終於學好用拐杖出入，終於可以涉足「正常」的建築物，便嘗試在老本行銷售和推廣界找工作。當時有位於意外前舊公司（電子廠）的澳洲客戶，她一直頗賞識我的工作能力和責任心，身為公司高層的她更在我意外後來探病。得知我找本行工作，她立即對我拋出橄欖枝，向總公司申請聘請我擔任銷售和市場推廣經理。新公司不但待遇合理，更非常重視工作與私人生活平衡，時間上亦包容我每星期復康、覆診、訓練、出國比賽以至半工讀大學。我非常珍惜這份工作，工作上用心盡責，一直做到我 2017 年轉為全職運動員為止。

為甚麼工作要用心盡責？不是為出糧，不是被老板上司逼迫，不是博好名聲。盡本分，分內事。邏輯很簡單：認為自己「懷才不遇」之前，請先好好努力展示自己的「才」。

常言道：機會是留給有準備的人。但這「準備」，不是成績表上一些數字，或履歷上一大串興趣班認證資格和公司名字職責描述那麼簡單。你的品格，待人接物態度，別人看不到的無私投入，通通都包括在內，沒有捷徑，無法速成。

這「準備」，是人生最大的課題，每天的修煉。

拋卻情緒，忘掉際遇或運氣，保持耐性。以往每一刻你付出過努力，明天才有機會見到閃亮的成果。

從情緒困局中走出來

大家可知道，全球人口有 15%，即 10 億人為殘疾人士？

不知道不要緊，發生意外前，我也不知道。

2008 年遇上車禍，左腳截肢，右腳腕也失去活動能力，最初醫生説我有可能畢生要坐輪椅，對當時 23 歲正值人生盛放年華、熱愛運動的我來説，打擊極大。

但，比賽我想贏，人生我也不認輸。

我憑意志和執着，最初幾年，一步一步學懂用拐杖、再學懂用義肢走路。參加輪椅羽毛球班，打了半年球，於全港比賽中贏得冠軍，被發掘入香港殘疾羽毛球代表隊。2009 年年中開始隨港隊訓練，在港隊，當然期望成為正選出外比賽，為港爭光；我也在短短一年多後的 2010 年 11 月，第一次成為國際賽正選，代表香港參加廣州 2010 亞運，最後拿第四，一鳴驚人。

聽上去很順利？其實那屆亞運不乏轉折，也對我思想啟發甚深。

首先，我是在亞運前一個月，才知道自己成為正選。

先解釋一下亞運和奧運制度不同之處。奧運是積分制，即計算運動員指定時段內的大賽成績，到達指定排名便取得參賽資格；亞運是報名制，每項運動的每個級別都有名額，各國家地區由當地代表隊的總教練決定人選。香港也不例外，亞運是由總教練決定出戰陣容，決定了就向香港殘奧會申請認可，認可

了便成為正選。

對 2009 當年的港隊總教練來說，我這新人的出現，時機微妙，頗堪玩味——論資歷，我僅「出道」數月，不用說超級新；論表現，香港單打第一和中港澳台四角賽團體第二，完全未有過國際賽成績；論準備時間，離比賽有不多不少近一年時間，這顆「潛力新星」能進步多少，純屬未知之數。那，到底給不給我名額？陳浩源有沒有實力在亞運這重要大賽中代表香港呢？

2009 年 12 月打完四角賽，到總教練告知我入選的 2010 年 10 月，中間相隔十個月。

十個月，知與不知自己入圍與否，練波 vs 備戰，分別非常大！試想想，長達足足十個月，每次訓練，望着已確認有份參賽的隊友專注備戰，隊內只有我一個狀況未明，我是失落、心急了多少次？就算我問曾 Sir，他也只是半安撫半暗示地叫我「專注訓練就好」——事後回看，我猜測他應該 5、6 月就知道消息了，只是當時他應該礙於指令，不能告訴我而已。

沒有練波拍檔[1]也一個人默默堅持，沒明確目標卻要逼自己向前衝，要心理上準備或會落選，真的很鬱悶。

1 殘疾羽毛球分「輪椅組」和「企立組」兩種，兩者所需技巧和策略截然不同。而陳浩源是唯一的輪椅組球員，所以他不是沒有隊友，但練習時就沒有同組別對手。

不過可能我天生樂觀，我很快便腦筋急轉彎，想通了：既然大局不由我控制，那就拋開情緒，不再去想別人為甚麼做甚麼，回歸基本，做我能做到的事——直接當自己正選那樣練！

每次負面情緒一浮現，我就在腦內自問自答，努力讓自己不受影響：目標？代表香港。怕吃苦？意外的傷勢，當初醫生説我永遠不能走路，殘疾的不便和歧視……這些我都克服了。現在，又算得上甚麼？

我們控制不了有甚麼事情會發生在自己身上，卻能控制自己怎去看待這些事情。拋開情緒，正面理智地權衡方案，沉着耐性地逐點擊破難題。

一遇上問題便停步，那就永遠不會前進。有能耐一次又一次迎難而上的人，才會走到最高峰。體育如是，人生如是。

到我獲知自己是亞運正選，感覺並非喜出望外，而是讚許自己的堅持，一直沒有鬆懈，「機會是留給有準備的人」。

2010 亞運給我的另一個啟發，發生在我們到了選手村後。

意外後，我為了自己、為了家人，很少表露負面情緒。但坦白説，年紀輕輕遭逢突變，我在球隊裏殘疾程度也最嚴重，加上在香港，殘疾人士普遍不活躍於社交層面，平日我能接觸和交談的殘疾人士不多，很多只有殘疾人士才能體會的事情和感受都無從訴説，難免有過類似「你點會明我幾慘」的想法。

沒想到，本來去亞運一心論勝負，卻因見識而釋懷。

文章一開始我說，以前不知道殘疾人士有多少，意外後也生出過覺得自己很慘、別人不會明白我有多慘的想法；但到了選手村，我一次過見到數千名殘疾運動員，那一刻忽然頓悟，我有幾慘啫？！

我殘疾嚴重？眼前各國選手，殘疾種類和程度五花八門，有些殘疾別說見過，就連想像也未想像過。我窮？再窮也有工作，節儉點還能儲到錢去去台灣日本旅行。但一些發展中國家的選手，生活捉襟見肘，他們做運動員就是全家全村希望，贏來的獎金是用來支持基本三餐一宿，出外比賽也是他們看看廣闊世界的唯一機會；能夠被選中參賽，他們是肉眼見到的真心開心，臉龐眼神都閃閃發亮。

別人身上煥發的樂觀積極，撫平洗滌了我內心那不成熟怨天尤人的躁動，也讓我學懂珍惜自己擁有的一切。在家裏隊裏香港裏，我也許是唯一少數小眾的，但走出去世界如斯大，與我同樣經歷，同樣困難，同樣努力，同樣追夢的，大有人在。

遇上困難或不如意，第一刻感覺難受或挫敗乃人之常情，但我們不要放大或糾結這種情緒之中，目光放遠宏觀整件事，你會發現自己問題只是小事，人人都經歷過，別人可以有勇氣有毅力去處理，你也可以。

未必贏到？那就再接再厲，做得更好

2013 年於世錦賽贏得銅牌，世界排名升上第三，我也從沒沒無聞的小薯仔，搖身一變成為國際羽壇上有名有姓的後起之秀。那時候我認識韓國國家隊的一位教練，自己則得到了公認的成績後算是「有點資格」，對方就很慷慨地讓我這個外人去跟他們國家隊集訓。

集訓十天，本身由力量、耐力、技巧到訓練時數與強度都比韓國球員差的我，真的吃不消，周身骨痛。

我一向不輕易認輸，但也不得不真心並客觀地結語曰：呢一世都未必贏到。

咦？情景好像 déjà vu（似曾相識）——這不是跟我中三才開始專注羽毛球、然後發現自己水平跟不上自小專攻羽毛球的其他學界精英一樣？

我自小熱愛運動，在比賽中入三甲是家常便飯，但到了打全港性比賽，才認清事實：自己只是業餘的最好。

但運動讓我學懂一種很有用的抗逆心態：一刻定輸贏，輸贏僅一刻。

每一場比賽，勝負就是一切，但為甚麼運動員能從容應對，屢敗屢戰？那是因為我們從訓練和競賽經歷中學到，每一次失敗，都是改善的機會。

這也是為甚麼，在國際賽中與各國頂尖高手競技，三甲已是世界最高峰，但你會發現，很多得獎精英運動員在賽後會說「想再做好一點」，或是沒有贏到獎牌，卻為打破自己個人紀錄而欣喜。

因為體育競技本就是一條漫長的路，一時輸贏，不足以概論成敗。

輸一場波有千萬種原因，但那只是「當下」而已，「未來」輸不輸，全看你自己。如因一次輸贏而停步，那麼即使你原本步伐比別人快，終有一天你會被別人超越。這跟任何職業，甚至是我們的人生，道理相同。

每次做得好或不好，之前定必下過一番苦功，若結果比想像或預期差，挫敗感在所難免；但亦正正因為感到了這份失落，我們要做的不是被情緒操控，而是應努力做得更好，不讓自己有下一次失落的機會。

也別忘了讚自己一下！我常常說「付出的一切不會白費」，因為我一向認為不應將「成績」與拼搏的堅毅心志混為一談；如果你真的已「全力以赴」，真心追求到極致，為一個目標傾盡所有時間心思，連輸掉比賽都不怕，那已是心態上贏了。如果真的這樣，就應肯定自己付出過的努力，讓自己有動力和勇氣去再接再厲，迎接下一個更大的強敵、難關、瓶頸、新挑戰。

放下一次性的成績，重頭再來，日復日的改進、超越和突破，在旅程中不斷成長，到勝利的一刻，你會為自己過去的每一分堅持感到無比自豪。

像我，由業餘成長到得到奧運獎牌，絕對不是幸運，不是天賦比別人好，也不是單靠勤力。這是對自己終極目標了然於心，無懼從失敗中成長，永不言棄的必然結果。

為「成功」賦予更深層意義

為實現目標而「努力」、「堅持」，老生常談；可卻沒太多人講過，「成功」了以後怎樣？

仁川 2014 亞運我遭遇滑鐵盧，作為港隊獎牌希望卻小組出局，之後我立即發奮圖強，憑 2015 年的好成績，於 2016 年年初首次當選「香港傑出運動員」。當時，我固然很高興自己迎難而上「收復失地」，為體育的付出獲得外界認可；無論心態與行動上，也都很珍惜這個小成就，希望不負這個身份。

但可能因為運動員舉一反三的策略性思維，加上殘疾人士，不但生活上經常要發揮創意應付各種難題，而且所得機遇較少所以也習慣儘量爭取、儘量把握機會放大成效，跟很多人不一樣的是，我不想停留在僅僅「已得到」這個身份——我開始思考，怎樣令這個身份增添多幾重意義。

其一，盡好「運動員」本分是必然；其二卻可能叫你意想不到——我要塑造一個全新的「傑出」「殘疾」「形象」。

成為殘疾人士後，我每天親身經歷和感受到，社會大眾心目中對「殘疾人士」有一個非常普遍而牢固的既定形象。當選傑出運動員後有幸獲不少傳媒採訪，我正好由此入手，改變這聽似表面、實質影響力極大的「形象」。

理由很簡單，所以第一印象非常重要。

運動員無論在世界各地打過多少場比賽，對市民大眾來說，都是要到我們登上報章雜誌後，他們的印象才由 0 開始。所以每一次接受訪問或出席對外活動，我都有意識地保持一個專業形象，從髮型、衣着打扮、談吐、表情到站姿都一絲不苟，而且一定做好事前準備，如熟讀背景資料、掌握最新資訊、構思話題和答案措辭。我甚至為了保持身型戒糖至今，現在依然任何甜飲料都一滴不沾。

如此認真，因為一次成功只是一次成功，但若懂把握善用，它可以化為無數成功的起點。

由形象開始經營的一個遠大使命，從來沒有人命令逼迫催促我，是我自發安排給自己的一個目標——我希望「陳浩源」這位運動員能一洗前人風氣，不被動地妥協於大眾對「殘疾人士」的各種成見，反而主動地善用自己的形象、機會、人脈和影響力，塑造殘疾人士健康正面、有能力貢獻社會的形象。

由一次得獎萌生的念頭，為我的體育夢賦予了多一重意義。我於 2019 年再次獲選「香港傑出運動員」，同年亦獲得「香港十大傑出青年」殊榮，肯定我在體育和公益作出的貢獻。

那年參選十大傑青，是我將成就「再進化」的例子。今次目標，是為了媽媽。

事緣追溯至 2007 年，媽咪已任職廚師十年、本打算退休，誰料我翌年年初發生車禍，她為了我和家中收入放棄計劃。需知道廚師工作不易，每天煮數十份飯菜，巨型飯鍋炒鍋非常重，媽媽也因此有關節勞損毛病；但到我有了穩定正職、成家立室，理應不用她擔心了，她依然不肯退休，甚至在 2017 年再一次延遲退休，問為何她又支支吾吾。到 2018 年媽媽才終於坦言，當年她說想退休不久我便出事，所以多年來她一直視「退休」為魔咒，對二字諱莫如深，不肯退休也不肯道出原因。

於是我想，有甚麼客觀證明，能令媽媽解開心結，真的不再擔心兒子？我選擇了參選具公信力的「香港十大傑出青年」。

知道自己當選，我立即致電告知媽媽；但要到了頒獎典禮晚宴，在一眾來賓和家人面前，我才道出了參選原因。

媽咪，你的兒子長大了，你不用再擔心啦！

參選十大傑青最大得着，首要是讓媽媽明白到，當年要她趕到醫院簽「生死狀」的兒子，現在不但已在人生旅途中站穩陣腳，還有能力幫助別人，她真的可以放心退休了。其二是我在競選過程中回顧了自己過去，反思了將來。其三，獲選後大眾認知度提升，參與到更多義務、教育和社會工作，從中更深刻地體會到社會上迫切需要推動共融，促使我加快了社會教育工作的步伐。

每次更上一層樓，別停在那層樓流連忘返，拍拍肩稱讚自己一下，然後拿着鑰匙，好好運用，解鎖其他風景。

第二何其不易

眾所周知，我的世界排名長達七年位踞第二，韓國「東方不敗」金正俊第一，可以說，輪椅羽毛球世界，我倆各佔半壁江山。

你問我，無數次與「第一」擦肩而過，是甚麼感受？

肯定自己，堅持不懈，但同時尊重事實。

金正俊於我，是多年宿敵，是神一般的對手，是我衷心尊重欣賞的運動員。他的實力，不止我，我們圈內每一位頂尖運動員都公認。我們比賽前與其他選手碰面，常常開玩笑說「今次又嚟爭第二」，這不是服輸或貶低自己，而是當目標在前，先要想的不是結果，而是要提醒自己，在追逐「向神出發」的過程中，自己經歷失敗後改善了多少，再一次付出夠不夠，拼勁與決心有多大。

努力付出過的人都知道，「第二」而已，然得來何其不易。

大家看報紙，運動員誰誰誰國際上拿了甚麼成績，一句標題輕飄飄帶過；但事實上一位世界頂尖運動員冒起，天時地利人和，缺一不可。

以我自己為例，首先，有幸生長在一個羽毛球文化深厚悠久的地方。不說別的，在香港康文署的羽毛球場最難預約，可見本地人有多愛多常打羽毛球。而一種運動，運動員的技巧能深化到一個地步，靠的絕非單單「人為」；香港不止場地多，也容易找到技巧高超、有實戰經驗的切磋對象、教練和業界人才。

「文化」在體育中的重要性，在於世事皆如此：俗云「萬事起頭難」，若將一件事由開始至完成的整個過程數字化為 0 至 100，則由 0 至 1 難，由 1 至 100 易。有文化助力起步，絕對有利。

出外比賽，我不時遇上一些打得不錯的外國選手，遺憾在他們國家的羽毛球文化不夠深厚，沒有球技達國際水平然後退役擔任教練的上一輩，選手也就欠了技術中的重要一環：技術傳承。球員基本功若屬普通，那麼應付普通水平比賽還是可以的，但一到了奧運、世錦那樣的最高水平競賽，就會高下立見。相比之下，香港不乏頂尖羽毛球教練，就像學功夫師承於少林武當，每一天的些微差距，累積十年下來，差別可想而知。

論體格，外國人身高手長力量大者多的是，幸好我也身高手長。最初我的弱點是推輪椅技巧，因我意外後一年多開始訓練，訓練一年多便參加亞運，平日也使用義肢而不坐輪椅，推輪椅「年資」不長；身高手長就不用推那麼多輪椅，正好彌補這弱點。此外我還天生手力驚人。這一點得感謝媽媽的優良基因——我告訴你，我到了 15 歲，一個少壯青年，掰腕子（拗手瓜）仍輸給媽咪。大力有甚麼好？超級着數囉！因為輪椅羽毛球球員不能跳，簡單來説就是矮一點，揮拍時一來發力點較少，二來擊球角度要逆地心吸力向上「轟」；如不夠大力，球停在空中不夠久、自己走位時間不夠，就很易被對手壓制。而在輪椅上不太能用到腳力和腰力，意味着大力全靠手力，我天生手力驚人，絕對是強項。

有了一切基本條件、基本努力，還要有運氣、時勢、東風，多年對追求極致的執着，對外界認同的熱切渴望，對實踐目標的專心致志，我才能維持這個「第二」。

2019 年 8 月瑞士巴塞爾公開賽，是我一生人最最最接近「世一」的一刻。與金正俊對戰，首兩局一勝一負；到第三局打到 18 平，最後輸 18:21，3 分之差，我始終做不到世界冠軍。

但我從來沒懷疑過自己的實力和努力。朝世界第一之路出發，結果第二，然後屢敗屢戰；如只看名次，等同只看「會變」的結果，漠視「不變」的堅毅拼搏精神，本末倒置。

體育競技本就如此殘酷。每一下揮拍都一樣重要，都一樣需要苦心經營，時機一失，失不可再。到我有能力擊敗金正俊，又到梶原大暉冒起，一鳴驚人……但，台下十年功，由沒有專項教練孤軍作戰到長達七年高踞世二，期間我和我對手金正俊從沒讓過位給別人，打到被傳媒稱為「輪椅界林丹李宗偉」，容易嗎？

名次上失諸交臂並不重要。每一次堅持，都是成就。

幸運是我

巴黎 2024 奧運決賽，我負於世一日本選手梶原大暉，在自己最後一場奧運賽，以銀牌「畢業」。

我與韓國宿敵金正俊長年是輪羽界「兩頭馬車」，到我水平提升到能一爭高下，梶原大暉橫空出世，贏得東京奧運金牌，此後三年一場不失，我也一直無緣成為世一。

常人反應：失望、挫敗、不甘、怨懟。

我卻完全相反：覺得自己非常非常幸運。

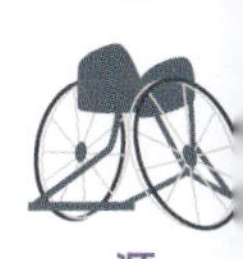

——劃時代三位頂尖選手，在同一最高水平競技十多年，無論誰是第一，我們三人都在帶領世界，被所有報道和球迷大眾相提並論，這不是很難能可貴嗎？

無論誰在我的前方，都是我追趕的動力。金正俊統領年代，我用盡一千個辦法去贏他；桃原冒起，我同樣用盡一千個辦法去贏他。無關年齡年資國籍，目標一樣是超越自己，成為一個更完美的運動員。

眼前的挑戰目標，都是世界第一，寫在體壇歷史裏的傳奇人物。誰能比我更幸運？

我只不過碰巧是第二，但其實，第三、第四還是第二十二百二千，心態均應如此。

當然，我也有過滿腦子為甚麼「贏不到」想法的日子；但隨着歷練和心態成長，我了解到，這種自責的想法，負面又無用。

既然我已盡了全力「不輸」給其他無數選手，何必責備自己？

想法一轉，我更明白到，這是命運對我最好的安排。由第二追上第一的心，目標如此清晰宏大，令我的堅決無可比擬。如果是由第十追上第一，豈非更路漫漫其修遠兮，雜音和雜念更多？

還有一點非常重要，那就是，我從來不覺得「第一」是個遙不可及、叫人震懾的目標。

對很多人來說，第一永遠只有一個，金字塔尖的最尖端，太「難」。

不，不難。第一，只是第一。

於我而言，無論是金正俊還是梶原，只要我的進步速度夠快、幅度夠大，一樣贏得了。只不過，他們碰巧是世一。

就像我，由長達七年打不贏金正俊，到東京奧運前八戰四勝；像梶原於東京奧運中，一口氣贏了金正俊和我，隨後直至巴黎奧運，124 場連勝。

之所以是世界之最，「不輸」給其他人，全因我們都沒有因一個由別人創造出來的級數或名銜，自己就先怯懦退縮。

無論目標是誰是甚麼，爭取的勇氣都一樣。

拋開名次，那只是對思維和心態的負荷，棄不足惜。我們每一個人最幸運的是，我們都有一個「自己」可以作為挑戰目標。要贏的不是世一，而是那個最親切貼近、每天都要面對的，自己。

有了這個想法，你會發現，「實現目標」其實並不嚇人；前路再難，無畏無懼，一步步堅持向前即可。

而我，人生一路走來，有幸寫下這部三國志，足矣。

自主思維之重要性

前文提過，2019年獲得「香港十大傑出青年」殊榮，最大得着之一，是在過程中，為了在提名表格中羅列各種「成就」，我回顧、審視了一遍自己的人生。

這啟發我反思：我一直說希望以身作則，為殘疾人士發聲，那麼，到底我做得足不足夠？

當選傑青，我成功推翻成見，證明了「可能性」:「基層」出身、「沒前景」「年紀大」的運動員也能有成就；一向被視為施與受中「受」眾的「殘疾人士」，也能貢獻社會。但這個結果，只是起點。

用我自創的「九一論」來解釋：全港人口七百多萬人，傑青只有三百多位，假設傑青是僅佔一成的小眾，主流大眾佔九成；當選傑青令我成為「一成」中的一員，但當選後，相對九成優越亮眼的傑青，我又變回罕見、渺小的一成。

自卑？不存在的。反之，我相信渺小有渺小的力量。就算只是「一成」，我相信，只要好好運用，我能做其他九成人做不到的事。

一個具公信力的名銜，純屬虛名；但我決定將它的影響力和號召力最大化，實踐自己推動共融的理想。

最初，我獲邀參與更多義務和社區工作，也有更多機構團體找

我分享勵志人生故事；只要能幫助別人，我都從不推卻。漸漸地，從中我了解到一般社會服務，有三大常見特色：

1. **服務單向性**：像派米、籌款，一方施，一方受。
2. **服務獨裁性**：受眾是誰，由施方決定，並無彈性。
3. **治標不治本**：只解決單一眼前問題，受方並無「成長」，無可持續性。

於是我開始構思如何推動共融，裝備受方、逆轉施與受，做到「生命影響生命」，幫助到最多的人？

第一個我想實現的目標，也是逆轉施與受的基礎：培養獨立自主思維。

最初獲選傑青，接受傳媒採訪時，我常被問及：你是否想做下一個誰誰誰？（請自行填入任何一個你記得的香港傳奇殘疾運動員名字）我即時反應是，各有前因，每個人的路都不一樣，殘疾、家庭、背景、經歷全部不一樣，別人的成功，從何「承繼」？

香港社會太多「預設」，彷彿成功只有一種，幫助別人方法只有一種，路只有一種。造成的結果是，欠缺反思反省能力，對前人未做過的事敬而遠之；出現問題，若沒人在旁「指導」，便解決不到問題。

而當一場疫情打亂世界恆常模式，沒有前例可依之時，獨立自主思考之重要性，頓變明顯。

疫情期間運動場所關閉，自己怎樣訓練、備戰奧運？這不是投訴、埋怨可解決的問題，沒先例可循，也無人能告訴你有何方法。再追溯遠一點，遭逢意外、人生驟變，我如何克服所有問題和負面情緒，重新「站起來」，站起來後還能證明殘疾也可以「能人所不能」？

我是過來人，我可以分享「心得」，但說到底，那是我個人經歷，我的解決問題方案也只適用於那時那刻；真正能超越框框、適用於所有情況的，是我的思考模式。

全因我不相信別人口中的「不可能」，自己為自己設定目標、以自己的方法解決問題、從錯誤中學習，一步步走出一條自己的路，此刻的我，才能夠站到大家面前，講自己的故事。

創造一個「自己」，聽上去很難，但事實上，就如我人生中結識的每一位殘疾運動員，他們都有驚人的獨立自主意志，才能克服常人眼中天大的困難，遇到挑戰和障礙時迎難而上，一心一意朝着自己的目標邁進，最終實現到眾人看得見和認可的成就。

世上人很多，但為何有些人能站在頒獎台上，出現在報章雜誌裏，令你喊得出名字？性別膚色年紀背景環境條件殘疾與否都各有不同，共通的是自主思維模式。

小時候有人手把手教你寫習字簿，為何最終每一個人的字跡風格都不一樣？自己人生的將來，需要自己思考，自己開創。

是歧視還是不了解？

我的終極願景，是令香港成為一個不用再談共融的城市。當社會上每一個人都實踐共融，每一位殘疾人士都能抬起頭，走到街上不再有奇異注視目光，有自尊有自信地生活，我們就不用再「談」共融。

培養獨立思考能力，裝備殘疾人士，逆轉施與受，令大眾對殘疾人士改觀，改變社會風氣，實現共融，這整個過程，是一個概念。但如何執行，將概念化成現實？我選擇的方式，是教育。

以「思想」為起點，原因是我深信，所謂成見、偏見、歧視，這一切都源自對殘疾人士了解不足。

最基本概念：殘疾並非等同能力不足。以我為例，我只是使用公共設施時需求不同而已；我也能做運動、拿奧運獎牌、讀大學、駕車、旅行爬山。你有看巴黎 2024 殘奧會嗎？開幕禮的舞蹈員之中，不乏輪椅、拐杖、義肢人士。

而且，要改變的不止健全人士的想法。以路人目光為例。我昔日坐輪椅時不穿義肢、穿普通運動短褲外出，曾被路人無禮注視，我作為殘疾人士，不會先假設別人是「歧視」，我傾向去想，這只是無知、少接觸殘疾人士之故，只要有足夠教育，大眾明白人口 15% 是殘疾人士，並非甚麼要大驚小怪的特殊現象，了解社會上有不同的殘疾情況，善意也好不善意也好的目光就會少很多。就算不是殘疾，將頭髮染成熒光粉紅色，別人也會注視！如何以不卑不亢的心態對付注視，是殘疾人士本身的功課，不能以偏概全地標籤「注視 = 歧視」。如果用我的「九一論」，舉例一位殘疾小朋友，因為一次外出時，殘疾洗手間被健全人士佔用，令他不願外出。那麼是投訴九成健全人士？靠教育增強九成人公民意識？還是教一成的小朋友找一個思想的新出口、讓他們學懂處理，更快更有效更治本？當然，若是路人無理地口出惡言，也要有勇氣和理智去處理，但心態如何，殘疾和健全人士，雙方都應付出努力。

香港的殘疾人士不愛外出，原因不言而喻；我在一位外國運動員朋友身上，卻看到迥然不同的情況。那時候出外訓練，朋友走在街上，不但深深感受到當地人的尊重，還有小朋友跑過去索取簽名。朋友説，他常常到一間餐廳，入口處有兩級梯級，最初侍應會幫忙抬起他的輪椅；惠顧十多次後，餐廳為他加建了一塊斜板。尊重差異，是一種文化，健全和殘疾雙方都視為平常。

健全人士了解及認同殘疾人士的能力，殘疾人士不妄自菲薄也不預設健全人士想法不善，雙向的思維裝備，讓「平等」成為社會主流想法，才能消弭成見。

我的平等概念，也是早於意外之前，親身經歷學懂。

中六那年，班裏來了一位叫劉恩賜的外校生。他患有先天性脊髓肌肉萎縮症，需要坐輪椅。那是我人生第一次與殘疾人士相處，令我發現殘疾人士不是要敬而遠之的洪水猛獸。除了平日一起吃飯聊天，劉恩賜跟我一樣熱愛足球，他支持祖雲達斯，我則捧曼聯，我們經常聊足球鬥嘴。你以為殘疾人士與運動無緣、只能「談」體育？知道他是硬地滾球世界排名第四那一刻，我真的呆了呆，隨之就是肅然起敬。後來劉恩賜不但勇奪雅典 2004 殘奧金牌，更實現自己的志向，大學畢業後任職社工。雖然相處短短兩年，他的自強樂觀，在我心裏留下深刻印象。意外後，我躺在病床上，想起這位昔日朋友，他親身示範了殘疾運動員也能取得驕人成就，讓我知道自己也是有「可能」的。一個模範，成為我精神支柱，給我莫大的勇氣和力量去康復和追逐體育夢。

幫助別人的種子，也是因意外而植根。大約住院個多月之初，媽咪很擔心我，不但叫很多朋友來跟我聊天，也有醫院內不同宗教的代表來開解我。有次她坐到我床邊，跟我認真地説，上天待你不薄，讓你活下來，一定是有使命給你，讓你以自己的故事幫助受苦受難的人。這也是為何，現在我的第一想法，就是幫助別人時，先從自己的故事出發，像劉恩賜那樣，成為啟發別人的模範。

但如何以自己的故事教育社會大眾？最初我在醫院，每天寫日記，有很多天馬行空的念頭；想到自己説話能力不俗，又想想能否在電台、甚至寫專欄分享。當然最後不知從何入手，沒有實行。

不過真正的機會，也真的隨着我人生故事劇情，在我取得運動佳績後出現。2010 年亞運單打第四一鳴驚人，有位舊同學任職德育老師，找我擔任分享會講者，於是我人生第一次將共融訊息帶給社會。其後我的成績越來越好，2016 年獲選傑出運動員，2019 年獲選十大傑青，以至 2021 年殘奧銅牌、2024 年殘奧銀牌，更多大眾認識我，我也更多機會向大眾宣揚共融，以及與殘疾人士相處的正確觀念。

一場相處的了解 ，慢慢引導我走向至今天。我很期待未來有天，所有人透過「了解」擺脫成見與觀念的束縛，人人盡展所長，令香港變成快樂指數最高的城市。

授人以魚，不如授人以漁

為了實現我理想中的共融目標，我成立初創企業 Kompass，以我原創的模式，為特殊教育需要（SEN）人士裝備自己，逆轉施與受（Give & Take）。

現在社會常見大眾幫小眾，大眾施、小眾受。我在分享會演講後，常收到參加者的 Inbox 訊息和感謝卡，説多謝我的故事帶給他們正能量。這讓我體會及確認到，被視為被動“Take”的小眾，也有能力主動“Give”。

但我的故事，是只屬我陳浩源的故事。唯有社會上有更多能向大眾 Give 的小眾，大眾與小眾之間 Give & Take 互相流動，終至打破單向性，才能實現真正的共融。

Kompass（演化自“compass”指南針）的概念，是透過一個叫 Lost & Found 的迷宮體驗活動，讓大眾從體驗迷失（lost）然後尋回（found）自己的方向，同時培訓小眾為社會領袖，逆轉施與受。

體驗形式以「迷宮」（maze）命題，但它並非一個單純尋找出路的實體迷宮，而是讓參加者在五感或肢體動作受限制下解決問題，令參加者「迷失」中親歷殘疾人士日常所受的限制，然後在導師指引下「尋回」自己，突破思維束縛，自主思考，開創屬於自己、多角度多元化的解決問題方案。活動後設有解讀（debrief）環節，向參加者講解活動含義，讓參加者回家反思。活動聘請的導師均為殘疾人士，讓他們自力更生，並透過主導活動，展示大眾意想不到的能力。他們增加接觸社會的同時，大眾亦有更多機會認識殘疾人士，促進共融。

Kompass 這個構思，有四大獨一無二的特色：

1. **趣味**。一般的體驗活動之所以不持久，原因是內容不變。Kompass 體驗包含多種元素，包括四肢、五感、精神的限制，讓參與者設身處地，體驗不同殘疾人士於日常生活上遇到的障礙和超凡的解決問題能力，例如單手脱衣、嘈吵聲量中畫畫、推動輪椅而手持的一杯水不能濺出等。由此，參加者能切身體會殘疾人士的生活，增強同理心；導師透過指導參加者解決問題，展示他們超越身心障礙的能力，向大眾證明「沒有不可能」。而限制的設計五花八門，難以預期，趣味性增加，活動才能具備可持續性。

參與愈多社會工作，愈令我感受到單純「分享」和「勵志」並不足夠；唯有「教育」，才能真正推動共融。

2. **解讀與反思空間的平衡。**解讀環節，由殘疾人士主導，講解活動背後深意。設計中的體驗，均為導師每天親身經歷，由他們現身説法，更具説服力。但解讀環節不會填鴨灌輸，而是特意留白，讓參加者有空間獨立反思，體驗後結合自己的個人經歷去感悟，取得屬於自己的得着。我們的責任，是帶領你跳出常規想法框框；如果每人都有一籃子的解決問題方法，我們負責豐富你的籃子，但選擇哪個解決方案，決定的人是你自己。

3. **獨特性。**香港人遺忘速度世界知名，一個體驗，如何才能別樹一格，成為同類別中的 champion（冠軍），不被瞬間遺忘？我是運動員，從體壇取得自己的成就，我也希望飲水思源，將運動元素傳承下去，廣及大眾。因此，我設計的活動，除了有輪椅羽毛球這個獨一無二的元素，還志在培養運動員特質，例如參加者分組並非為比賽，而是必需分工合作才能解決問題，從中培養團隊精神，以及溝通和解難（problem solving）能力。導師也會轉換角色，可以是隊長，也可以是隊員，切合現實中社會待人接物、群體生活中人人都有多個不同角色的實際情況，同時亦增加變化和趣味。

4. **開創價值與可持續性。**坊間常有一個誤解，覺得共融是慈善是「免費」，與收益無關；Kompass 正正要以價值打破這個錯誤觀念。的而且確，共融是一種社會責任，但並非沒有成本，就如接受教育和醫療都是公民權利，但大家都明白兩者並非毫無成本，共融產業亦如是。要逆轉施與受，共融就不能只靠政府或有資源的企業來推動，而是要建立一個能開創價值的模式，令導師能有收入、自力更生，經營模式亦需能開支平衡，方可獨立而長久地營運。「受惠」的不能是九成大眾，而是「一成」優先。而要具備價值，就憑三大特色，以具備同時面向施眾及受眾的全面性和可普及性、可複製的長遠發展模式、高可量度回報和成本效益，將我的共融概念變成「限量版」，提供人人趨之若鶩的服務。

獨創的念頭，也許有人評曰「癡人説夢」，但就如牛津、伽利略等先導者，他們最初提出一個理論，總有反對聲音；然而何必因別人評價，輕言放棄？成功者之所以在芸芸眾生中脱穎而出，不就是因為有勇氣堅持自己的獨創性嗎？

以有限身軀，創無限可能

我從意外到今天，十六年來一直是同一位主診醫生。由最初他告訴我「你可能要一輩子坐輪椅」，到今天我成為運動員、奧運獎牌得主、傑出運動員、傑青、好兒子好丈夫……他對我的「第二人生」再熟悉不過。

醫生曾打趣道，要是以我作為研究對象，數據絕對不可作準，因我的身心狀態和生活模式都「太健全」，甚至比健全人士更健全，一點也「不殘疾」。

現實如此。不少人對「殘疾人士」有一個刻板的預設形象，將身體殘缺與外觀破敗畫上等號，於是，我這個打扮得體、精神奕奕、口齒伶俐、活躍好動的殘疾人士，就無可避免地被視為「非一般」。

我也不諱言這是我苦心經營的形象。上回提及，我是有意識地在髮型打扮衣着上花心思，確保公開說話時有條理有內容，同時盡好運動員本分，在比賽中爭取佳績，因為我想以身作則向世人證明，殘疾與否由天，但活得如何由我。

可別忘了，無論是成為運動員之前還是之後，我也是個「普通」人。

所以，並非因為我是運動員，才會擁有強大的內心和精神強度、克服人生劇變及每一次勝負關頭壓力的韌度、帶領我到國際舞台成就的特長——其實，我跟大家一樣，都是從小開始，一天天經歷着人生，累積着經驗與智慧，慢慢變成今天的我。

偶爾傳媒或任何人讚我「思想成熟」、「想法前瞻」等等之時，我都會感到有點⋯⋯不好意思。剛好相反，我一直覺得，自己思想比較簡單。

真的非常簡單：朝着目標，不顧一切，排除萬難，實現方休。

因為非常非常渴望達到目標，我會為此扭盡六壬，出盡法寶；別人說「不可能」，我絕不動搖，同時立即思考：真的嗎？然後嘗試以自己的方法，去證明「可能」。

對比前人經驗，我更相信「可能性」。正是這種思維模式，引領我開創了屬於自己的新天地。

以運動為例，我一向視運動為生活的一部分，意外後，醫生告知我未必能再次走路。醫生是專家，大部分人正常情況下都會相信專家的話，但我的腦袋卻目標優先，因為「想再做運動」，就去思考「一輩子坐輪椅」以外的可能性，然後花了十一年不斷學習，終於現在可以不靠任何工具，用義肢走路。

打輪椅羽毛球，香港一直沒有這一個項目，沒教練沒隊友，也沒有全職運動員制度；殘奧沒有殘羽這個常駐項目，沒大賽成績就影響資源⋯⋯大部分人正常情況下都會放棄，但我的腦袋卻目標優先，因為「想成為全職輪羽運動員」，就去思考辦法，自資請教練、增加訓練時數，以成績證明自己這名運動員的價值，爭取資源和機會。最終，我登上奧運舞台。

低層出身，家境清貧，殘疾，做運動員被視為「沒前途」，年紀大被視為運動員的最大限制⋯⋯我為了向所有人證明自己，憑體育成就當選香港傑出運動員，憑公益工作當選香港十大傑青。

殘疾人士被視為要「被人幫」的一群？我不說我認不認同。疫情期間，我自資拍片幫助大家在家運動；舉辦演講班，幫助參加者建立演講自信心；成立 Kompass 工作坊，讓學生和大眾感受殘疾人士生活，從體驗引導參加者學習獨立思考、自主解決問題，增強抗逆力。

這些「可能性」，不是前人做過的，不是別人給我的。是我專注目標，途中有笑有淚，一路走來，最後開創出來的。

誰的身體不是「有限」？但可能性，是無限的。

不要先設想結果，勇敢朝着目標邁進，憑着自己擁有的一切，追逐獨屬自己的可能性。

番外篇 ❶ Home

 媽咪

自有意識以來，對媽咪的第一印象，就是她很美。

是真的外貌上的美。因我關係，媽偶爾也會被傳媒採訪，後來治病用絲巾覆頭，媽咪常嚷嚷着：哎呀，我不漂亮，不懂打扮，不上鏡……

不不不。媽咪，在我心目中，你永遠最靚。

小學時我已有一個想法：將來娶個好老婆回來，一起侍奉媽媽盡孝。

媽學歷不高，卻很注重子女教育。小學時我名列前茅，到小四為止，每年大考都是全級前十名，媽咪説，如果考進前五名，買個 Game Boy 遊戲機給我。我就真的考了個第五回來，滿心期待，沒想到媽咪卻買了一台 Acer 電腦。時為九十年代，Game Boy 六百多元，電腦萬多元，媽咪花了廿倍的錢買電腦，對抱怨的我循循善誘，説希望我學用電腦，又説以我性格，一定在街上邊走邊玩，非常危險——但你大抵也猜到了，當年的我又怎會懂得媽咪苦心？足足鬧了一整個暑假的彆扭。

當然後來我想通了，但有趣的是，到今天我仍未擁有過一部 Game Boy。

一向「知道」媽咪疼錫我，但第一次深刻感受是在小五。那年我們一家人第一次出國，坐飛機跟旅行團到泰國度假。行程中，媽咪一直最期待到訪「信不信由你」博物館。誰料到了博物館才 5 分鐘，我開始肚痛，要由大人帶出終點；博物館只准參觀者單向前進，離開了便不能再次入場。那時帶我去終點的，就是媽咪。從我小朋友的視線，抬頭由下往上看過去，只見媽咪一邊慌張焦急地找着出口，一邊嘴裏「嘩～」地驚嘆着走馬看花，一分鐘便帶我出了館。那一次，我真的覺得很虧欠，深深感受到媽咪對我真好，願意為了我而犧牲。這件事我一直牢牢記着，長大後也請回媽咪旅行，再訪那博物館。

意外後，媽咪還是那個拖着我手找出口的人。

車禍事發凌晨，一收到醫院電話，媽立即致電為我買的保單的保險公司援助熱線，並準備好大量現金。到了內地醫院、見到我的情況，她當機立斷要求將我立即送返香港搶救，那邊廂讓香港的救護車在關口等着，這邊廂由內地救護車點對點運送我，並且車上要有兩名內地醫生陪同，務求要我活·着·抵達香港。內地救護車加兩位醫生出差費一萬元，媽咪掏出先見之明準備好的鈔票，即場數銀紙。

到關口，內地救護車在地界前停車，離香港救護車 10 步位置。因我失去所有證件，媽咪已報了警，當局電腦上也顯示着我的身份資料，職員卻還在討論我如何入境事宜。媽咪非常激動說：「你哋唔救我個仔，我就扻頭埋牆！」

入境手續迅速完成。

一般情況，我這種危急個案，一定送往距離最近的北區醫院。途中，媽咪在救護車上問救護員，知道沙田威爾斯親王醫院（威院）骨科較好，而我將來一定是骨科個案，便決定送我至較遠的威院，還要簽署同意書，聲明如果我途中傷勢有變，後果自負。事實證明，轉送威院有利我之後進行大大小小數十場手術和長達三個月的治療；但在救護車上那刻，這個關乎兒子生命的決定，所有責任與壓力，由她一人扛下。

媽咪，在我心目中，你永遠最睿智果敢。

當年媽選擇到扶康會工作，不是隨便找份收入，而是早早估計我未必升讀大學、考慮了兒子生活未知，選擇公營機構可以做到退休年齡，更加穩定。我意外後，她親自照料四肢都不能動的我，擔心我想不開，坐在床邊與我語重深長、問我想法，又叫我的朋友同學球友來探病，每天陪我聊天，病房熱鬧得像派對，讓我沒空胡思亂想。她知道醫院膳食不能滿足我，便親自下廚煮我的一日三餐。當時家在深井，媽咪到石硤尾扶康會上班前，先到醫院來照顧我早餐，中午又來照顧我吃午餐，下班再來照顧我晚餐，自己只在巴士上吃個麵包，回家還要做家務、照顧我家寵物。此外，我出車禍一事跟前公司打官司，費用要到社會福利署申請法律援助，一切也是媽咪幫我打點。她的所有公餘時間，都用在照顧我、陪伴我之上。十一個月，每天如是。

到我出院，她才簡單「通知」我，之前失眠，看過精神科醫生，已經治好。她之前選擇不說出來，不想加重我心理負擔。

我出院不久，有一天在家，發現爸頸後有一顆瘤，叫他去檢驗他不肯。2009 年終於他肯看醫生，確診二至三期鼻咽癌，立即到公立醫院治療，治了半年。那段日子，家中四人中有兩人嚴重病患，是媽一力「撐住頭家」。

媽咪，在我心目中，你永遠最堅強。

為人子女，報答父母養育之恩是本分。但怎樣「報答」？小時候我曾與一位長者聊天，他對我説，他父母在生時他盡了努力「過活」，無論事業、婚姻、生活以至品格思維為人處事，一切一切都做好，讓父母一絲擔心都沒有，這就是做子女最大的回報。

實在不能更認同。報答，不是口號，不是金錢，而是行動。

我在體育事業上努力，近年參與社會工作，除了為證明殘疾也有很多可能性，也是為了給媽咪一份信心，證明我不但已自立，而且還有能力幫助別人。

近十年更深刻體會到，昔日無比強大的母親，隨着年邁，更需要自己的陪伴、照顧。訓練時間上一配合到，我便帶她旅行，例如 2015 年去了日本，2019 年到過加拿大看北極光。唯一後悔的是為了奧運，在媽咪患癌時無法侍奉在旁。

媽咪退休後生活之繁忙可跟我媲美。她是個非常好學的人，過去卻因為這個家，根本一秒餘閒都沒有，連「想」學習的念頭都直接放棄。現在她學的東西可多了，泰拳、太極、八段錦、瑜珈、油畫、素描、書法、烘焙、沖咖啡……還有義務工作，她在婦女會負責接聽熱線，又為此去修讀調解技巧。

媽咪，我會負責檢查你的健康指數，提你吃藥，提你不要報那麼多興趣班，提你多休息。放心去玩，享受人生，天大的事，兒子我來扛。

贈言

當初浩源叫我幫他寫感言，真是驚了一下，我並不是甚麼高學歷人士，希望大家不要見笑，我就寫一點感受吧。

作為浩源的媽咪，今天他的成績表，真令我非常開心、驕傲及自豪，衷心感謝我的兒子，帶給我的殊榮。

身為當初照顧你的媽咪，我更希望，從今後起成為你的並肩同行者，向着自己理想的方向，一起努力前行。

其實人的生活，從來都是不容易，總會經歷很多風風雨雨，跌跌撞撞，才能走過去的。但經歷也令我更相信一個理念：只要自己「永不放棄自己」，只要相信肯堅持，天不會日日下雨，終會迎來新的希望！

我常對浩源說：上天要你來到這個世界，總有要你肩負的責任及使命。就讓時間好好的去證明你的努力、你的堅持，你值得擁有更美好的明天。

隨着 2024 年巴黎殘奧會上的一面銀牌，完美了你羽毛球的夢，十六年的艱苦、運動員的角色，即將漸退下來；重新開創生活另一個領域，路也是艱辛的，但，人生是在不斷蛻變的過程中成長，才會變得更精彩。

保持初心，媽咪永遠支持你！

陳浩源媽媽

太太

我和太太 Sandy，認識過程像漫畫，經歷是傳奇。

初中時我是童軍，一年一度賣獎券籌款，在學校走廊遇上 Sandy，我這個話癆（形容説話嘮叨的人）便走上前去搭訕，叫她樂善好施買獎券——就這樣第一次聊天。

中三同班兼鄰桌，大家交換了電話號碼。你知道我真的很～愛講話，當時我房間裏有一個獨立的電話號碼，便常常找 Sandy 聊天。由最初的功課聊到兒時趣事，當時完全沒有男女感情想法，只覺投契；後來即使不同班，大家依然是有事可以互相傾訴討論的知己（完全沒有緋聞那種！）。Sandy 一直成績不錯，中五會考後到英國升學，我們一直保持聯繫，她回港度假時我們會見面吃飯，還會寫信。話説，寫信很有意思，由挑信紙、信封到選貼紙，將意思一字一筆寫下⋯⋯到今天，她仍收藏着我的信。

2007 年 Sandy 畢業，回港修讀碩士。10 月 2 日，我表白，Sandy 也答應成為我的女友。到現在（2024 年 10 月）二百零四個月，十七年，我們每個月的 2 號都會慶祝。

拍拖四個月，我在年卅晚凌晨發生意外，本來我們相約當天早上見面，絕不失約的我無端失聯，Sandy 心焦可想而知。年初一在 ICU 一醒來，我立即叫家人幫我聯絡她，而她找了父母「壯膽」，一起來探我⋯⋯她第一次向父母確認我男朋友身份是因我出意外，我這男朋友第一次見未來岳父岳母是在醫院深切治療部病床上。

初五跟她聊電話，我很認真地説，你有沒有考慮過分手？不如你走吧，我作為一個男人，連自己的未來都不確定，將來怎麼養你，你是父母掌上明珠，怎可以讓我拖累你人生。

Sandy 沉默半晌，第一句説：你真的很殘忍。

那時我在傷患者蜜月期，所有人群星拱照陪伴在旁，個個都給你愛心，正常人，這種生死關頭，無論是痛苦失落還是自私，都會先想自己，不想別人離開你，我也是一萬個不情願談分手；但，我一向認為感情最重溝通和尊重，我覺得這樣對她不好，有責任告知她現實，一切清清楚楚，給她選擇的權利和空間。要是她真的離開，我不會怪她，因為讓她選擇，是我的選擇。

然後 Sandy 非常肯定地說：「未來我倆能走多遠，今天，我們不能也不會知，但我會用女友身份，陪伴你到你能站起來為止。」

她的話，對當時一無所有的我來說，是一支最大強心針，令我穩住情緒，專心復康。

她的肯定為何影響那麼大？拍拖不是為有一日拍一日，是想人生一起走下去。需知道在骨科病房，房內其他病人都是因殘疾住院，我躺在病床，每天現場目睹、聽到頗多真人故事，院友與另一半鬧家變、出軌、分手……我和 Sandy 情況更比別的「健全 × 殘疾」情侶或夫妻多一個不利因素——別人常見情況是，二人先有感情基礎、相處多年，然後其中一方在中老年時期因年邁或健康問題變殘疾；我卻是年紀輕輕，拍拖之初就突如其來出事，而且當時種種表徵都顯示未來數十年前景不容樂觀。而正是在這四周充斥着負能量的關鍵時刻，Sandy 心態的肯定，而我亦信任她的肯定，這種雙向的尊重和信心，給了我抵抗負面思想的信念和努力康復的動機，拯救了當時的我。

而 Sandy 真的一如她說，一星期探訪我五天。那時她仍在讀大學，一個人面對着兼顧學業、陪伴我、自己傷心難過、旁觀者對她這個決定的質疑或不認同……後來聊天我才知道，當時她很怕到我們以前一起到過、有回憶的地方，觸景傷情。層層壓力之下，那段日子，她一度瘦得只剩八十多磅。

我即使自顧不暇，病床上仍悉心經營感情。拍拖第一個情人節，Sandy 買了一束花來探我；到 3 月 4 日她生日，那時我仍動都動不了，拜託護士們早一晚買蛋糕，當天早上拿來醫院放冰箱裏，待女友來探病，由她們幫我拿出來、點蠟燭，給她慶祝。

我和太太的愛，表達方式截然不同。我是外放傾注式，她是冷靜內斂，嚴以律己，對我要求亦非常嚴格。陪伴到我 2009 年出院，她也碩士畢業，開始找工作。當時我暗自擔心我倆之間差距越來越大，自己在醫院過了十一個月空白期，人生不進反退，女友和同齡朋友卻讀書的讀書、工作的工作，邁入人生新階段，見識社會。Sandy 知我憂慮，卻選擇不以被動的「陪伴」來遷就我，反而是一邊專注建立自己的事業，一邊鞭策我以自己的步伐、方式「前行」。大則我的體育夢，無論我拿到甚麼獎牌，她都不輕易讚我，因為她知道我是一個有理想的人，也相信我有潛力去到更高，不想我輕易自滿停步——這麼多年來，也是我拿了十大傑青和奧運獎牌，她才在社交媒體「出 post」提及了一句！還有復康和練習走路，這兩件事本身都沒有盡頭，自己滿意便可以停止，但 Sandy 對我說，心願是與心愛的人遊歷世界每一角落，叫我好好復康，用更方便的身軀去看看世界；2013 年結婚後，我們度蜜月到過瑞士少女峰和阿萊奇冰川山頂，之後遊歷了三十多個國家，還在塔斯曼尼亞酒杯灣爬數小時的山，一起俯瞰如果我沒有努力復康便看不到的美麗景致。小則生活上，我注重儀容舉止，她教我西方餐桌禮儀；我在乎説話技巧但英文差，閒時我們在家聊天我會問她英文，例如這個國家、球星名字英文怎樣讀，總之不懂就問。以至我在澳洲公司工作，或是 2011 年擔任世界羽聯亞洲大使的工職，要看的英文文件極多，也是 Sandy 在旁推動、輔助我不斷學習求進。

結婚，也是被她的嚴謹逼出來的（笑）。到我生活開始重回正軌，2011 年還去學駕駛，拍拖數年，我很自然想到「幾時結婚」。Sandy 卻不准我平日戲謔叫她「老婆」，説婚姻要認真，不喜歡口頭輕率亂叫。於是我在 2012 年執行一項偉大任務，花了四個月籌備求婚。重中之重，平日與她聊天，有共識彼此都是以結婚為目標，也了解清楚她對未來的想法。我事先找家人、中學同學和朋友拍了一條叫她嫁給我的短片，求婚那天在一間影院包場，朋友們準時入場先坐好，角落躲着兩隊拍攝人員。我故意與她遲到，中途我找了個藉口離座，然後熒幕播放短片，我拿着花和戒指向她求婚。終於，成功換個稱謂叫她。

生活上，Sandy 是我的軍師。她聰明理智，善於聆聽，我人生中的大事，如 2016 年考慮讀大學，2017 年考慮辭工轉為全職運動員，2018 年決定挑戰奧運，以至參與社會公職和面對每天的不公平，事無大小，我都找她討論。她總花時間用心聆聽，一起研究分析，但她不會將自己的取向強加於我身上，最後會讓我自己拿主意做決定。

我常常説，結婚不是將一個人私有化，而是找一位知己，透過溝通令生活同步，一起成長。我和太太認識轉眼近三十年，卻不因一個稱謂而疏於「努力」經營這段關係。例如太太負責持家，但我平日仍會分擔很多家務，不會把照料這頭家的責任全堆到她身上；又例如我們對話時保持有禮，媽咪甚至問過我倆為甚麼那麼「客氣」。事實上，一個清醒的人，想要珍惜一段關係，自然會這樣做——輕視還是重視，一目了然。

結婚不是感情的終點，但也不是起點，而是昇華了；但昇華了也要努力經營。每一種關係，無論那稱謂是「家人」、「情人」

或「朋友」，都不能習以為常、理所當然，必需不斷灌注養分，用心經營，才會成長、維持下去。

至於 Sandy 為甚麼揀我做另一半？當天我意外後，有人勸她說，找個能夠溝通的「另一個」男友不是那麼難吧。她回曰：「其實好難囉。」

如果你也遇上能溝通的人，不要放手，好好經營，一起互補、成長。你的心靈伴侶如何，你的日子也必如何。

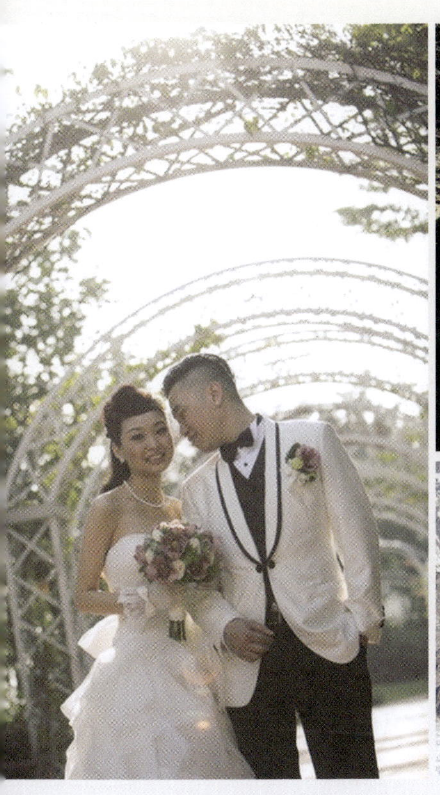

贈言

我和Daniel自中二便認識，走過大家的成長歲月，共同經歷他意外後的康復之路，也不經不覺陪伴他度過十多年運動員生涯。很多人經常問我有沒有隨他一起出外比賽，實不相瞞，巴黎殘奧是我第一次親身現場欣賞Daniel於國際賽比拼。自問一直很怕現場觀賽，一來怕自己小心臟承受不了那種刺激又緊張的氣氛，二來又擔心會為Daniel添上額外的無形壓力。

作為另一半，看見他堅持多年的毅力，實在期待他能如願打破「世二宿命」，但也心知競技比賽充滿不可預計的挑戰，這種50/50的心情也一直訓練着我的情緒及表情管理。贏，不能讚他太多讓他自滿；輸，則要思考如何不失鼓勵地承托着他的失落，因此看他比賽對我而言，實在是有點精神疲累。

巴黎殘奧乃Daniel國際賽事的最後一舞，因此即使要承受如過山車般的緊張氣氛，我們一家人也決定親身支持，也非常感恩一家人能夠順利到場為他打氣。看見Daniel如願踏上頒獎台固然興奮，不過最令我開心的是看到巴黎賽場上的他，心態及技巧都比過往更見成熟及穩定，證明他賽前付出的血與汗沒有白費，讓他的最後一舞更顯得無憾亦圓滿。能夠親身陪他一起圓夢，實是一件讓我覺得很驕傲很愉快的事，而我也相信他展開的新一章節會繼續精彩及讓人期待。

太太 Sandy

寵物養志

寵物在我生命中，佔有極重要位置。飼養寵物除了給我莫大的心靈應援，還教曉我對生命負責任。

媽咪愛狗，小時候家裏有一隻鬆獅犬，我也耳濡目染，自小愛狗。從我有記憶至自己結婚後成家立室，三十多年來沒養狗的時間極少。我們一家人有多重視寵物？中二搬到深井的私人屋苑後，該處有不少狗主，大家遛狗常見面，也能自覺地保持環境清潔，是一個很友善的小圈子，儘管其實屋苑公契是不允許飼養狗隻的。某天搬來了一個任職律師的新鄰居，出律師信警告所有寵主。我家的對策？即時將鬆獅犬送到寵物酒店，然後搬到能養狗的村屋。我們重視寵物程度可見一斑！

到了我成家立室、搬離家裏後，我就與太太一起養了我們的第一隻寵物，柴犬 Kero。以往「養」狗老實說是媽咪主理的多，但真正到自己養了之後，才體會責任重大，簡直可以說吃盡苦頭——撇開每天遛狗兩三次、日常要訓練狗狗（於我尤其重要，因為我走路不穩，狗狗要學懂不能猛然衝前或飛撲）等不說，Kero 會製造麻煩，咬鞋、咬電線，還專咬我的大額鈔票（可能五百蚊紙好味啲？）……

麻煩多，但牠給我的愛也多。當然我不可能知道 Kero 腦內想甚麼，但牠像一面鏡子，總有反應和回饋。我照顧牠、逗牠玩耍，牠會表現得很開心、親近我；我訓練回家後很累，或是日常生活有些不如意，有些不想告訴任何人的想法、對着牠自言自語時，牠會好像有感應地默默挨住我，陪伴我。體育競技世界和殘疾人士生活，是沒盡頭的爭取和決鬥，但當回到家見到 Kero，沒有勝負的壓力，令我心情頓然放鬆，運轉過熱的腦袋尋回寧靜，可以冷靜思考。牠對我的重要性，超越物種，不折不扣如同家人。除了日常悉心照顧，我和太太不但在買樓時，為了能養狗而選擇空間比所需的大的房子，Kero 更有牠自己的獨立空調房間，家中整個天台也是牠的。我們就是這麼疼愛牠！

無奈，Kero 在我出戰東京奧運前，突然莫名離世。當時我真的很傷心，足足一星期每天訓練，開車回家時就哭，哭了又訓練，訓練完又哭。長達兩年，我的運動袋中都帶着有相框的 Kero 照片，讓牠陪着我一起出國比賽。那種傷心，猶如心裏缺了一角，難以彌補。

但再傷痛也不能沉溺其中，我克服的方法，是常常提醒自己，在 Kero 在世的八年裏，我們有好好照顧牠、愛惜牠，盡了責任，讓牠有美好的一生。如果生命是上天安排的交託，我們不負所託。

我們也沒有為此而立即養另一隻寵物，因為我們不希望將對 Kero 的感情「轉嫁」到別犬身上。而且，養寵物是一種責任，寵物不是玩具，飼主必需悉心照料牠一天三餐和身心健康，需要花時間和心思去訓練、照顧、陪伴。再者，我常年出外比賽，不在家的日子就必需由太太一力負責照顧狗狗，所以另一重大考慮因素，是太太的意願。某程度上可以説，飼主生活時間表是圍繞着寵物而定，例如我們二人外出吃飯，要掐着鐘點回家照顧 Kero；去旅行，必需找朋友或寵物酒店代為照顧，除了擔心和掛念，實際上也一定少了自由度。

所以在各種考慮之下，我和太太直到 2022 年，才再次生起領養寵物的念頭，並開始做準備。由 Kero 離開的 2021 年 7 月到 2023 年，那一年多，是我人生中最長的沒有寵物的日子。

選擇領養的原因亦很簡單，是想拯救被不負責任棄養的狗狗。2023 年 1 月，我們終於遇上一隻柴犬；牠因柴犬特徵不明顯而被嫌棄，我們就立即選擇了牠，取名 Tama。

我和太太也約法三章，我要分擔多一點照顧狗狗的責任，我毫不猶豫，説到做到。投放的時間多了，為了能親力親為每天遛狗三次，我們找馴狗師教導和學習如何訓練 Tama，令牠學曉如何配合我走路的步伐；實驗證明，相處和投放的心思較多，Tama 也真的比 Kero 更親近我。寵物可愛之處，在牠定必回應你的愛；做飼主有意思之處，在學懂付出、承擔。

至於寵物對人類身心靈的幫助？Kero 不在時我得到奧運銅牌，有了 Tama 奧運銀牌。有沒有關係呢？那就無從考究或核實，不得而知了。

但最起碼，有狗狗的日子，我快樂滿足。

番外篇 ❷

Mercy

曾昭邦教練

（曾 Sir、Patrick）

2008 年在一個區際比賽頒獎禮上認識 Patrick，他當時是殘疾羽毛球香港隊代表兼教練，亦正是招我入港隊的伯樂。他是我人生認識的第一位 slasher，既專業又多才多藝，世錦賽金牌得主，罕見地以殘疾人士身份擁有香港羽聯健全人士教練牌照，是羽毛球國際裁判、於北京 2008 奧運擔任裁判，同時亦是 ISO auditor 和持牌普通話教師。正是因為他，我才知道殘疾人士有很多可能性；我之所以有今天，全因當初心裏一句「將來可以做到 Patrick 那樣就好了」。當初他視我為好苗子悉心栽培，到 2011 年他退役轉做教練，一直陪伴我訓練至 2018 年。作為港隊七成球員的伯樂，感謝也榮幸他說過「令我最驕傲的是陳浩源，教練生涯沒有遺憾」。同時亦全因受他啟發，我今天在栽培下一代上不遺餘力，像他一樣擔起薪火相傳的使命。

余廣華教練

（華哥）

我認識華哥早於他結識我，因為他是知名羽毛球運動員，18 歲前是羽毛球青年軍，20 歲發生電單車意外後，2006 年他以殘疾運動員身份加入港隊，兩奪世錦賽金牌，亞殘運也贏過金牌，無論身體狀況如何也馳騁賽場，十分厲害！我加入港隊後，大家在 2009 至 11 年是隊友，到 2011 世錦賽轉制風波，他因新的級別鑑定系統而無緣再比賽，無奈退隊。2013 年港隊低潮之時，我向當時的總教練建議邀請華哥回來執教，他也立即答應扛起這個重任，至今仍是港隊教練。在 2014 至 17 年期間，我要自費增加訓練，是華哥義不容辭以極優惠價錢擔任我的教練。感謝他作為陪伴我訓練時間最多的教練，大家轉眼相識十五年，從戰友變亦師亦友再變成好兄弟，我更是他兒子的契爺。這份情誼，一切在心中。

劉南銘教練

（阿 Liew）

阿 Liew 本為馬來西亞的教練，2018 年出任香港代表隊教練。在我 2017 年年底轉為全職運動員後，擁有豐富教授輪椅羽毛球經驗的他，成為了我的專責教練。當年我是獎牌成績最好、世界排名第三的運動員，他卻以嶄新而專業的思路，希望我完全卸下已有球路的枷鎖，徹底改變打法；最初我自然不適應和反抗，是他用無比耐性，一次次與我一起試驗和印證，以柔制剛將新知識灌輸給我，帶着我更上層樓。2019 年他升任總教練，帶着我衝擊東京 2020，在他教導下我摘下 2019 亞運和世錦賽銀牌。2021 年疫情下訓練艱難，他陪着我一起隔離一起封閉式訓練，到我勇奪東京奧運銅牌，他在 2022 年退下行政火線，至今仍是港隊教練。他的專業，他的溫和，他的用心聆聽和包容，不止我，每一位隊友都感激。

陳仁傑教練

（傑仔）

港隊現任總教練，是我職業生涯中第一位也是最後一位年紀比我小的教練。他在羽毛球界大名鼎鼎，為香港贏過無數獎牌，世界排名最高第九，實力毋庸置疑。最初他是間中才來的客席教練，但其專業令我印象深刻。2022 年總教練卸任，我第一時間致電傑仔，游說他來擔任總教練。當時傑仔已有自己成立的球會，做健全人士私人教練賺更多錢，孩子也剛出生，但他卻毅然決定放棄球會教鞭、來港隊教我們，挑戰自己之餘為體育作出了重大犧牲。感謝他讓我學懂運動員光是勤力不夠，還要有從訓練的系統至膳食作息的絕對自律，我一年只有五天假期，不容易但這才是真．專業，令我在訪問中有底氣説「覺得自己 39 歲 fit 過 36 歲」。當初三顧草廬時我説帶他圓奧運夢，感謝也慶幸他做到，我也做到。

陳浩源
TMI 快問快答

中文名

世間物資有盡，但智慧無限；媽咪為我取名「浩源」，希望我一生擁有浩瀚知識泉源，做一個有智慧的人。

英文名

Daniel。投身社會後為方便工作，用過 Danny 這英文名。後來別人簡稱我「Dan Chan」，我覺得聽上去太多稜角，便改為 Daniel。

花名

長臂猿🦍（自小高大，名字又有「源」字，所有「猿」都關我事）

身高

181cm

體重

77kg

血型

B+

嗜好

足球，兒時夢想是做足球運動員。現在是曼聯粉絲。我特別喜歡 C 朗（Cristiano Ronaldo），喜歡他天分不是最好但靠後天努力，向世人證明自己。我自己也是這樣，所以我欣賞後天努力的人，多於天才。

喜愛顏色

紫色、黑襯金

喜愛音樂

抒情歌，甚麼都聽。

最有信心的身體部位

高大，手臂粗😂，身為殘疾人士但體能很好。

喜愛書本、電影

有歷史成分的古裝武俠類別，像金庸系列、三國志。

喜愛季節

冬天，愈冷和乾愈好。而且冬裝比夏裝好看，穿冬裝不顯肥。怕肥？是的，我天生易胖體質，疫情期間不能出外比賽，立即便胖了十多磅。現在尤其怕退役後暴肥。對身形嚴格是因為我很在意自己的專業運動員形象，我想以身作則，讓所有人明白殘疾人士也能很健康、體能很好。

開心時

找人分享

喜愛旅行地點

瑞士，和太太度蜜月目的地也是瑞士。她很愛瑞士的寧靜和與世隔離，安全又和平，生活模式很悠閒。雪山、湖泊、古堡……很漂亮。

喜愛食物

中菜，點心。我還是薯片狂迷，但因為怕肥，只敢偶爾在比賽壓力大時吃一包……

自豪的一件事

與眾不同。凡人為生活隨波逐流，慶幸我能透過輪椅羽毛球，成為香港第一和唯一，獨自開創一條通往世界最高舞台的路，難能可貴。

傷心／生氣時

50/50 找人分享／獨處。這些年我學懂了一件事，那就是有情緒時，千萬不要做任何決定。我是個鬥心很強的人，即時反應可以很不留情面、語氣很衝，令事情愈描愈黑。所以現在，我不是不反應，而是反應前先動腦袋，計劃過才作下一步。

最不想被人知道的弱點

我思想獨立，但最怕孤獨。外國有“extrovert”（外向者）一詞，描述的不止健談活躍那麼簡單，而是對比獨處，extrovert 會覺得與人相處時更自然舒服、做事更有衝勁。我想我是 extreme extrovert，獨處時會感覺不適、胡思亂想，但一見到「人」便會變回陽光正面。難道我上一世是……🌻向日葵？

我也怕高、怕離心力，所以怕乘飛機。但出外比賽常常要乘飛機，為了克服，我特意買了數本關於飛機構造、航空安全性和航空意外機率的書來看，以知識「説服」心理。所以我很想快點有人發明隨意門！

有一點大家可能不知道，義肢人士不能玩機動遊戲（如過山車），因為機動遊戲的安全帶是按健全人士身體結構而設計，有可能影響義肢人士的安全性。幸好我反正害怕離心力……

口頭禪

沒有。但我愛講道理。我説話時會有意識地聚焦在聽眾感受，為別人設身處地，但亦會儘量講真話，不想營造一個虛假人格。我希望別人了解真正的我。

座右銘

「以有限的身軀，創出無限的可能性。」這是我在 2019 年獲選香港十大傑青時原創的。

對 20 年前自己會說

懂事點。19 歲的我已投身社會，但按當時人生觀一定不會成功，年少輕狂、愛耍小聰明、不擅理財。想照顧別人、做個有責任感的人，不是靠「想」就可以，要有實際的能力，也要多學習、多努力、多付出。今天的我累積了人生經驗和智慧，但仍會繼續學習，繼續成長。

對 20 年後自己會說

一定要身體健康，這一點非常重要。繼續開創「價值」，而非流於表面的生產能力。做一個令人尊敬的人。若是只顧個人勝利、不擇手段、不提攜後輩，那種人再「成功」也不會獲得尊重。我希望未來的自己能憑實力與努力，用生命影響生命，得到別人的欣賞、仰慕、敬重。

一輪人生

陳浩源自傳

作者
陳浩源

撰文
鄧美茵（Ale Tang）

責任編輯
梁卓倫、潘俊賢

裝幀設計
鍾啟善

排版
辛紅梅、鍾啟善

圖片鳴謝
中國香港傷殘人士體育協會（雅加達 2018 亞運及東京 2020 奧運所有相片）、
中國香港殘疾人奧委會（封面及巴黎 2024 奧運所有相片）、
程詩詠 Brian Ching（頁 11、42、92-93、116-117）、
體路 Sportsroad（頁 83、115 及封底）

出版者
萬里機構出版有限公司
香港北角英皇道 499 號北角工業大廈 20 樓
電話：2564 7511　　傳真：2565 5539
電郵：info@wanlibk.com
網址：http://www.wanlibk.com
http://www.facebook.com/wanlibk

發行者
香港聯合書刊物流有限公司
香港荃灣德士古道 220-248 號荃灣工業中心 16 樓
電話：2150 2100　　傳真：2407 3062
電郵：info@suplogistics.com.hk
網址：http://www.suplogistics.com.hk

承印者
寶華數碼印刷有限公司
香港柴灣吉勝街 45 號勝景工業大廈 4 樓 A 室

出版日期
二〇二四年十二月第一次印刷
二〇二五年二月第二次印刷

規格
特 16 開（150mm × 213mm）

Published in Hong Kong, China
Printed in Hong Kong, China.
ISBN 978-962-14-7590-9

策劃：